女の子の育て方

「愛され力」「自立力」「幸福力」を育てる83のこと

諸富祥彦

PHP文庫

○本表紙図柄＝ロゼッタ・ストーン（大英博物館蔵）
○本表紙デザイン＋紋章＝上田晃郷

はじめに

私は、30数年間、教育カウンセラーとして、これまで多くの方の子育ての相談にのってきました。いまは、明治大学の教授として、子育てや教育について心理学を教えています。

女の子の子育てには、男の子の子育てにはない、特有の悩みがあります。この本では、特に女の子が「人を愛し、人から愛される幸せな人生を、自らの生きがいをもって賢明に、生きていくことができる女性」に育っていくために、大切なことをお伝えしています。

多くの親御さんは、娘さんに、将来できればふつうの幸せな結婚をして、ふつうの幸せな人生を歩んでいってほしい、と思っています。もし結婚できなくても、「とにかくうちの娘には、幸せになってほしい！」と。娘をもつ一人の父親として、私も同じ気持ちをもっています。

けれども、これがけっこう難しい。さまざまな調査の結果をもとにすると、子どもたちの３、４人に一人は生涯未婚！　つまり一度も結婚しないまま人生を過ごしていくと予測されています。

しかももし結婚できたとしても、３組に１組は離婚する時代です。

また、これからの日本社会を考えると、娘さんの結婚相手が定職に就けなかったり、就けたとしてもリストラされて、生活に困ることも十分にありえます。さらに、何が起こるかわからないこの人生、結婚相手が若くして亡くなることだってありえます。

そう考えると、最近の「婚活ブーム」に垣間見える現代の女の子たちの「専業主婦志向」は、「きわめてリスクが高い、運任せの生き方」だと言わざるをえません。「年収１０００万以上の男性と結婚できれば女は幸せ」と考える生き方は、ご主人の病気、リストラ、減収など、予測できないちょっとした出来事で、もろくも崩れ去っていく危険な生き方なのです。

しかし、だからといって、愛する娘に、「生活のためにしたくもない仕事をする」ような人生を送ってほしいとは思いません。

そう考えると、女の子に育てたい力は、

「人を愛し、人から愛され、幸せな恋愛・結婚をして、幸せな家庭を築ける力」

「もし結婚してもしなくても、じゅうぶんに自分で生活でき、しかも生きがいを持って日々の仕事に取り組んでいけるキャリア力」

の二つでしょう。「恋愛・結婚力」＋「賢明に生きるキャリア力」＝「女の子の幸福力」なのです。

この「幸福力」を育てるための最初の土台は、乳幼児期の、ラブとハッピーに満ちた子育て！

私は、こう考えています。

娘さんは、「この宇宙からお母さん、お父さんに贈られてきた大切なプレゼント」です。また、ご両親が、親として、人間として学び成長していくための大切な機会を与えてくれる存在です。

すべての子どもは、そのたましいに、その子だけに与えられたミッション（生きる意味と使命）を刻まれて、この世に生まれてきています。子どものたましいは、見えない世界からやってきて、この世界に降りてくるときに、お母さんとお父さんを、そしてそのＤＮＡを選んで、この世に生まれてきたのです。

まだ、天の上の、見えない世界にいるときから、お子さんのたましいは、お母さんとお父さんをじっとみていて、『この人たちのもとに降りていこう。この人たちのＤＮＡを、この地上の世界での、わたしのからだとして、お借りしよう！　そうすれば、自分がなすべきことをなしとげることができそうだ。この人たちなら、わたしが自分のミッションを果たすために必要な、愛情と栄養と、DNAと、そして、成長のため必要な厳しい試練も与えてくれそうだ！』と、お母さんとお父さんを選んで、ゆっくりとこの世に降りてくるのです。


どうぞ、こんなあたたかい「心のまなざし」でお子さんを見守ってください。

幼児期から、こんな「愛に満ちたまなざし」で、娘さんを見守っていくことが、娘さんが将来「幸せな人生を送っていくことができる女性」になるうえで一番大切なことです。

ペタペタ、ペタペタとタッチングし、ギュと抱きしめて、チュ！　とキスする。そして「あなたってほんとうにステキ！　愛してる。世界で一番大切！」と言葉で繰り返し伝えていくのです。

「私、幸せになっていいんだ！」

娘さんが心の底からそう感じることができるのが、最高の子育てです。

そのベースは、何と言っても、お母さん自身の「ラブ＆ハッピー」。

お母さん自身がド――ンと動じず、安定した、幸せで穏やかな気持ちでいて、「お子さんに何かつらいことがあったら、いつでも帰っていくことができる、心の安全基地」になること。子育てでこれ以上に大切なことは何もない！　のです。

どうか、みなさんの子育てが、明日から、愛に満ちたすばらしいものになっていくことを願っています！

本書では、それをかなえるための具体的な知恵と方法を、教育カウンセラーとしての私の30数年の経験をもとに、たくさん紹介しています。

この本が、みなさんの愛と幸福に満ちた子育てのお役に立てれば、こんなにうれしいことはありません。

諸富祥彦

女の子の育て方

目次

第1章

「ハッピーな女の子」を育てるしつけの基本

第2章 女の子の「学力」を伸ばす法則
――知的好奇心と向上心のあるお子さんに育てるために

第3章

女の子の「恋愛力」と「結婚力」の育て方
――愛されオーラを放つ素敵な女性の秘密は「自己肯定力」

第4章 「思春期のグループ化」＝「女子の戦場」の乗り越え方

第5章 母娘の絆を深めるために

第6章 「幸せな人生を送れる女性」を目指して

執筆協力　門馬説子
イラスト　Igloo*dining*

第1章

「ハッピーな女の子」を育てるしつけの基本

ハッピーな女の子のうしろには、必ずハッピーなお母さんがいる！

この本は、女の子の育て方について具体的なアドバイスをしていく本です。しかしその前に、「基本の基本」「大原則」とでも言うべき「一番大切なこと」をお伝えしておきたいと思います。

それは、

「お母さん自身がハッピーでいること。それが、ハッピーな女の子を育てるための、大原則」

ということです。

女の子は、同性であるお母さん自身の生き方の影響をダイレクトに受けます。お母さんが娘さんの人生のモデルそのものになるのです。

お母さんが毎日を楽しそうに過ごしていれば、娘さんは必ず、

「ああ、人生って楽しんでいいものなんだ！」

と感じて、生きることに積極的になります。

反対に、お母さんが毎日つらそうにして生きていれば、娘さんは、

「生きていくってつらくて、大変なことなんだな」

と、ネガティブな人生観を持ってしまうのです。

「子どもが小さいうちは働きに出たりせず、母親がつきっきりで子育てをすべきだ。母親なんだから、仕事も辞め、趣味もあきらめて、育児に専念しなくては！」

そう思いこんで、仕事もやりたいこともそっちのけにして、人生の情熱のすべてを育児にささげる方がいます。

もちろん、子どもが大好きで、毎日、24時間、子どもといっしょでも楽しくてしょうがない。そういうお母さんならなんの問題もありません。

しかし、子育ては、想像以上に大変なもの。毎日ずっと子育てばかりしてい

て、あまりストレスにならない、という方は、ほとんどいないのではないでしょうか。

自分のやりたい仕事や趣味を押し殺して、義務感と責任感から子育てをしていれば、その不満な気持ちは必ずお子さんに伝わってしまいます。

「3歳までは、母親が自分の手で育てるべきだ」

という、「3歳児神話」がいまだに多くの人に信じられています。けれども、世界中の心理学の調査で、この考えを立証するようなものは、一つもありません。

女の子にとって一番大切なのは、お母さん自身がハッピーな女性であること。お母さんが仕事をしていて、一日の大半を保育園に預けられ、毎日4時間くらいしかいっしょにいられないとしても、その4時間に、お母さん自身が幸せいっぱいでいられるなら、それでいい！　のです。娘さんにその幸せが伝わって、

「お母さん、私といるとうれしいんだな。幸せなんだな」

と感じてくれるのです。

お子さんをハッピーな女の子にする一番の近道。それは、ほかでもないお母さんご自身が、心からハッピーになって生きていることなのです。

このことを、まずしっかりと心に留めておいてください。

女の子の子育ては“ボーナスポイント”がいっぱい！

女の子には女の子の、男の子には男の子のよさがあります。心から愛情を注いで子育てをしていくのに、男であるか女であるかは関係ありません。

「元気に育ってくれれば、どちらだってかまわない」

そう思っていらっしゃる親御さんも、少なくないと思います。

たしかに、子どもは天からの「授かりもの」です。男の子であれ、女の子であれ、愛をいっぱいに注いで、幸せな子どもを育てる。そのことに、何ら変わりはありません。

けれども、多くのお母さん方と「本音トーク」をしていると、しばしば、

「女の子のほうが、子育てがラク！」

という声を耳にします。たとえば、次のように言うお母さんが多いのです。

①女の子の子育てのほうが、体力的にラク

②お母さん自身が「オンナ」を捨てずにすむ。男の子のお母さんに比べて女の子のお母さんのほうが若く見られることが多い

③女の子が生まれたほうが、男親の「子育て参加意識」が高い

④女の子のほうが男の子よりも挫折に強く、傷ついても立ち直りが早い

⑤大人になっても親（特に母親）と疎遠にならない

いかがでしょう？　女の子の子育てには、ざっとあげてみただけでも、こんなに「いいこと」がたくさんあるのです。

「女の子を授かった私って、ラッキー！」

そんな思いを持っているお母さんが多いのです。

♡子育てには3つのステージがある

「女の子だからって、甘やかしすぎるのはよくない」

「早いうちから、しっかりしつけたほうがいいはず」

子育てに熱心な親御さんのなかには、そう思っておられる方が少なくありません。

わが子をきちんと育てるため、心を鬼にして、厳しくしつけることも必要だ。そんな思いから、まだ小さなお子さんを、キツい口調で叱りとばしてしまっている方もいます。

でも、はっきり申し上げます。

小学校に入るくらいまでは、思いっきり親バカになって、「これでもか！」というほど溺愛するのが一番。「早いうちからしつけを」と考えて、厳しく叱り続けると、「お母さんは、私がキライなんだ」「お母さんは、私なんてダメな人間だと思ってるんだ」という気持ちを刻み込んでしまいます。長い目で見れば、百害あって一利なし、なのです。

とはいうものの、いくつになってもベタベタと溺愛していればいいわけでもありません。お子さんの成長に応じて、必要な愛情の質も少しずつ変化していきます。子育ての仕方も、ギア・チェンジしていく必要があるのです。

具体的には、次の「子育ての3つのステージ」ごとにシフトしていきましょう。

①ラブラブ期……0歳から6歳くらいまでの、いわゆる乳幼児期（生まれてから

幼稚園・保育園まで）
②しつけ期……6歳から10歳くらいまでの、いわゆる児童期（小学生時代）
③見守り期……10歳から12歳以降、18歳くらいまでの、いわゆる思春期（小学校高学年から大学生くらいまで）

①のラブラブ期は、子育ての土台ともいえる重要な時期です。この時期に、お母さんから「あなたのこと、大好き！」と愛情をたくさん注いでもらった子どもは、「私は、お母さんからこんなにも愛されてる。私って、かけがえのない存在なんだ！」と感じられるようになります。

こうした気持ちを感じながら育つと、お子さんの心に安定感が生まれ、「私は大丈夫！」「いろいろなことにチャレンジしてみよう！」という自信＝自己肯定感（自尊感情）をもてるようになります。

「自己肯定感」は、親が子どもに贈ることができる最大のプレゼントです。

人間は、「自己肯定感」をもつことで、心が満たされ、幸せに生きることができるようになるのです。

そしてこの自己肯定感を育てるためには、親御さんが惜しみない愛情を注ぐことが必要不可欠です。

「この子に、ハッピーな人生を生きていってほしい」

と思うならば、０〜６歳くらいまでの間に、愛情をうんと注ぐことで、お子さんの自己肯定感を高めていくことが何よりも大切なのです。

「タッチング」と「ポジティブな言葉がけ」で思いきり愛情を伝えよう

お子さんが幼いころには、惜しみなく愛情をうんと注いで……と言われても、具体的に何をすればいいのかわからない。そんな親御さんも少なくないかもしれません。

お子さんにとって一番必要な愛情は、なんと言ってもスキンシップ。肌と肌のふれあいこそ、愛情を伝えるのに最も効果的な方法なのです。次のようなタッチングを繰り返すことが何よりも大切です。

- **心をこめてゆっくり抱っこする**
- **ペタペタさわる**
- **ギュッと抱きしめる**
- **ほっぺにキスする**

日本の子育ての最大の欠陥は、親子の間で交わされるタッチングがかなり少ないことです。

わが子がかわいくて思わず抱きしめたくなる。ふっくらとしたほっぺや手足にふれてみたくなる。そんな気持ちがわき上がってきたら、迷うことなく、いつでもどこでも、ペタペタ、ペタペタ、タッチしましょう。

「人前でベタベタしてみっともない」

「そんなに甘やかしたら過保護になる」

そんな意見には耳を貸す必要はありません。

お子さんにとって、抱っこやタッチングは、甘やかしや過保護などではなく、豊かな心をつくるのに不可欠な心の栄養の一つ。お子さんに「自分は大切にされている」という気持ちを与え、それが自己肯定感につながっていくのです。

愛のこもった抱っこやタッチングは、子どもの心の問題を解決する最強のツールになります。夜泣き、ぐずり、わがまま、食べず嫌い、弟（妹）へのいじめ、幼稚園に行きたがらないなどの問題行動の大半は、この「ペタペタさわる」「ギュッと抱きしめる」「ほっぺにチュ」などの繰り返しで、ほとんど解決します。

さらに、**女の子の場合、親御さんとのスキンシップが不足すると、中学生、高**

校生になって不本意なセックスに流される危険性が高くなります。不安定な気持ちやさみしさを満たすために、好きでもない相手とセックスに及んでしまうのです。その原因の一つは、親とのスキンシップを通じて、安心感に満ちた気持ちのいいふれあいを経験していないことにあります。

タッチングを通じて、親御さんとの愛情あふれるスキンシップを経験していれば、「好きでもない相手となんかふれあいたくない」「愛情のないセックスなんか絶対にイヤ！」と感じるようになり、危ないセックスを、みずから避けるようになります。親子の十分なスキンシップは、思春期の女の子の身を守るバリアの役割も果たしてくれるのです。

スキンシップのほかに、「大好きだよ」「大切だよ」など愛情を言葉にして伝えていくことも、欠かせません。

「マナちゃん、かわいいね。大好き」

「アヤカのこと、すっごく大切だよ。ママの一番の宝物だよ」

声に出すのはテレくさいと感じる方もいるかもしれません。でも想像以上に、**「言葉に出して、具体的に愛を伝える」**ことは、女の子にとっての大きな拠りどころになります。愛は言葉に出して伝えないと伝わりません。愛情は心のなかだけで十分なんて思わず、ストレートな言葉で愛情をどんどん口に出していきましょう。

しつけ期になったら「わが家のルール」をつくる

女の子の場合、6歳から10歳までのしつけ期は、基本的にラブラブ期の延長と考えてください。「年のわりにませている」「いつまでたっても幼い」など、お子

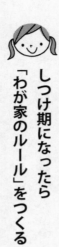

さんのあいだで個人差が見られるようになりますが、小学校低学年くらいまでは、どの子もまだまだ甘えん坊です。ラブラブ期の雰囲気を保ちながら、お子さんをたっぷり溺愛してかまいません。

ただし、しつけ期はその名の通り、しつけをきちんとおこなうべき時期です。この時期、お子さんは小学校への入学やクラス替えなどを通じて、自分をおさえたり、社会のルールに自分を合わせる術を学んでいきます。何もかも学校任せにせず、「世の中のルール」「やるべきこと」「やってはいけないこと」を、親御さんご自身の口から、しっかりと教えてあげましょう。

「女の子のしつけ」のポイントは、次の3点です。

①「ダメ」や「ノー」を言葉にして伝える

②子どもの自発的な行動や判断を尊重する

③最低限守るべき「わが家のルール」を決める

①「ダメ」や「ノー」を言葉にして伝える

お子さんのわがままに対し、小言を言いながらもしぶしぶ聞き入れたり、騒がれるのが面倒で言うなりになってしまう親御さんがいます。これを繰り返していると、お子さんは「泣いて騒げば、何でも思い通りになる」と思うようになり、自分自身の行動を抑えたりコントロールすることができにくくなります。

ただし、感情的に叱ったり、頭ごなしに「ダメ！」を押し付ける言い方はよくありません。やさしくおだやかに、お子さんへの信頼をベースに、お願いするように話すのがベストです。

○「ここで騒がれると、ほかのお客さんの迷惑になっちゃうな。かずみならきっとできるはずだから、もうちょっと静かな声でお話ししてくれたら、ママ、とってもうれしいな♡」

ここで大切なのは、「ママうれしいな♡」と、お母さんが「ママは」と自分自身を主語にして、自分の気持ちを語ることです。こうして、「わたし」を主語にして、自分の気持ちを伝えると、お子さんの心にスッと入っていきやすいのです。これを「わたしメッセージ」と言います。「わたしメッセージ」では、お子さんのことを否定することなく、お母さん自身の気持ちを伝えるため、お子さんはお母さんの言うことを素直に受け入れやすくなります。

それに対して、

×「こんな場所で騒いで、(あなたは)なんて悪い子なの！(あなたは)どうして言うこと聞けないの！」

というように、「あなた」を主語にして、お子さんを責める言い方をするのは

NGです。こういう言い方をされると、お子さんは「お母さんは、私のこと嫌いなんだな」「私ってダメな子なんだな」と自分を否定せざるをえなくなってしまうのです。

②子どもの自発的な行動や判断を尊重する

お子さんには「あれしたい」「こうしてみたい」というお子さん自身の考えがあります。親に言われたことを言われた通りにするのではなく、自分がやりたいと思ったことや、自分の頭で考えたアイディアを、積極的に行動に移してみようとするのです。

親御さんからすれば、「時間がかかってまだるっこしい」「うまくできっこないよな」と感じることが多いかもしれませんが、お子さんのそんな行動を否定したり止めにかかったりせず、「よし、やってごらん」という気持ちで、根気強くサポートしてあげるようにしましょう。

特に女の子の場合、「失敗させたくない」「きちんとやらせてあげたい」という親心から、お母さんは、「こうしたほうがいい」「これはしないほうがいい」などと、よけいな手出し・口出しや、お膳立てをしてしまいがちです。

でも、こうした手出し・口出しやお膳立ては、お子さんのためになるどころか、お子さんから自立心をうばってしまいます。「どうせ自分で考えても無駄だから……」「ママの言うとおりにしておけばいいんだ……」と操り人形のようになってしまいかねないのです。

③最低限守るべき「わが家のルール」を決める

小学生の女の子は、親の行動や反応をつぶさに観察し、それをモデルにしながら、やっていいことやいけないこと、正しいことと正しくないことの判断を、自分なりに学んでいきます。

小学生の時期は、お子さんに善悪の判断や社会のルール、マナーを育てていくのに最適の時期です。ただしそのとき、あまりに細かく注意していくやり方はおすすめできません。

これはしてはいけない！　という最低限の「ルール」を決めて、そのルールを子どもが自分で守れるように促していきましょう。

「よそのお家に行ったら、あいさつは忘れずにしようね」

「暗くなる前に、必ずお家に帰ること」

「お友だち同士のお金の貸し借りは絶対にダメだよ」

「お友だちを傷つける言葉、死ねとか殺すとかウザイとかは、絶対言っちゃだめだよ」

こうした「ルール」をきちんと身につけさせることが、お子さんの心や体を守る大事な「枠」となるのです。

子どもの将来のために社会的ルールを守らせる

最近では、「家族で海外旅行に行くから」、「休日の混雑を避け、すいている平日の遊園地で遊びたいから」という理由で、レジャーのために学校を休ませてしまう親御さんも少なくありません。

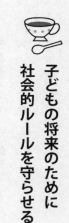

「カタいこと言わなくたって、いいじゃない。休んだってかまわない」という親御さんの考えもわからないではないですが、私はこのような考え方はあまりおすすめできません。

混雑の少ない平日に遊びたいのも、料金の安い時期に海外旅行に行きたいのも、誰だっていっしょです。にもかかわらず、こうした自己都合的な「特別」をつくってしまうと、子どもは「サボりたいときはサボってもいい」「自分の都合

を最優先にしてもいい」と思うようになりかねません。自分だけは身勝手なルールが許されると思ってしまうのです。

その身勝手が一生通用するのでしたら、なんの問題もありません。しかし、社会に出て会社に入って、自分の都合で仕事を放棄してサボるわけにはいきませんし、そういったワガママは到底周囲に受け入れられないでしょう。そのときになって困るのは、お子さん本人です。

たとえお友だちの家では許されていたとしても、「わが家のルール」をつくることが、子どもにとっての心の拠りどころとなります。最初は、「うちはカタすぎるよ。友だちの家はもっとゆるいよ」と言いたくなるかもしれませんが、いずれ、そのルールが、「わが家」の「わが家らしさ」と感じられるようになって、お子さんの心の安定につながります。「うちはうち」「これはわが家のルール」という枠を、お子さんと会話しながら、でも語れないところは語らずに決めていきましょう。

思春期には、子育ての「ギア・チェンジ」を

10歳くらいになり思春期に突入すると、子どもは「自分の考え」をもつようになってきます。同時に、親からの指図や、親の定めたルールなどをうっとうしく感じ始めます。

「大人の言うことなんてウザイ」

「私には私の考えがある」

という思いから、反発することも多くなるでしょう。また、友だち同士の関係が密になるため、家族や親御さんよりも、友だちとのやりとりが中心になってきます。

特に女の子の場合、小学校4・5年生から高校1年生くらいにかけては、「友

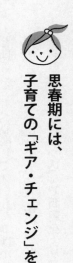

だちとの人間関係の中でどう動くか」に気をつかうようになります。「他人よりも自分」でマイペースに突き進む男の子とちがって、女の子の基本は「自分よりも他人」、まわりの友だちとの人間関係に対してかなり敏感になります。

誰と友だちになるか、クラスのなかのどのグループに入るか、女の子同士の間で起こる陰湿ないじめをどうやり過ごすかということが、学校社会を生きていく上での死活問題になってくるのです。

国立教育対策研究所の調査によれば、小4から中2の間に「いじめ」や「仲間はずし」にあったことのある子どもは、なんと約9割！　あなたのお子さんが、「いじめ」や「仲間はずし」にあわないことは、残念ながらまずないのです。

とは言っても、心配して気をもんでばかりいても、らちはあきません。

親御さんのなかには、お子さんの悩みを何とかしてやりたいと気をもむあまり、必要以上に首を突っ込んで問題をより深刻にしてしまったり、かえってお子さんの心を落ち込ませてしまうケースも少なくありません。

友だち、進学、異性関係など、思春期の女の子は多くの悩みを抱えています。

そんなお子さんに親御さんがしてやれることは、まずお母さん自身が「何があっても大丈夫！」という心構えでドーンと安定していること。そして、お子さんの行動を少し距離をとって見守りながら、お子さんがＳＯＳを出してきたら心を込めて「聴いていくこと」です。何かにつけて、お母さんのほうからあれこれと世話を焼いていた10歳くらいまでの子育てから、大幅にギア・チェンジする必要があるのです。

10歳になったら、お母さんは家に戻ろう

しかし、「見守ること」は、じつは、多くのお母さんにとって、あれこれ世話を焼くより、ずっと大変なことです。

私はこれまで子育ての講演会などで、「子どもが10歳になったら家へ戻ろう」と提案してきました。世間では、「子どもが小学生くらいまでは家にいて、10歳くらいになって手が離れたら働きに出始めよう」と考える人が多いようです。

しかし、私をはじめ、心理カウンセラーをしている多くの仲間たちの考えはまったく逆です。

10歳から15歳くらいまでの思春期は、子ども、特に女の子の心が人生で最も不安定になりやすい時期です。お子さんが苦しい場面に直面したとき、いつでも自分からSOSが出せるように、そばにいてほしいのです。お子さんが学校から帰ってくる時間にはできるだけ家にいるようにするのがベストです。

そこで大切なのは、「口を出さずに、見守ること」。

「ああしろ、こうしろ」と口を出したり、お子さんに起こる出来事に一喜一憂するのではなく、「つらいときはいつでも助けになるよ」と、おおらかな気持ちでドーンとかまえていることです。

仕事の都合で早く帰れないという場合は、いっしょにいられる短い時間だけでも、お子さんの張りつめた心をゆるめることができるような空気をつくることを心がけましょう。

女の子の習い事は「ピアノ」がおすすめ

幼児期からの女の子の習い事として人気があるのは、ピアノ、バレエ、水泳、英会話などですが、一番のおすすめは、なんと言ってもピアノです。

ピアノは、美しいものや純粋なものに感動する豊かな感性を育むと同時に、譜面を読みリズムをとることによって、知的能力を高めると言われています。指を動かすことも脳の発達によい影響をもたらします。ある脳科学者は「習い事はピアノだけでも十分。ほかの習い事をあれこれたくさんやらせるくらいなら、ピアノだけを習わせたほうがいい」というくらいです。

もちろん、イヤがるお子さんに無理にピアノを習わせる必要はありません。お子さんが習いたいものを習わせてあげるのが一番です。けれども、すすんでやりたいものがこれといってない場合は、ピアノのおけいこに通わせるようにしてみてはどうでしょうか。

たくさんの習い事を通じてさまざまな体験をしてみるのも悪くはありませんが、一つのことをある程度継続するほうが、実りのある収穫が得られます。

たとえそれほど上達しなくても、「幼稚園から小学校を卒業するまで、継続して打ち込んだものがある」という経験は貴重です。お子さんの達成感を高め、自己肯定感を養う習い事を、何か一つ見つけてあげましょう。

「ほめる」よりも「ともに喜ぶ」姿勢が大事

最近では、子どものやる気を促す親の心がけとして、「ほめて育てる」という教育論が主流になっています。しかし、この「ほめて育てる」には大きな欠陥があると、私は考えています。

なぜなら、「ほめられる」のは一つの「ごほうび」であるため、「ほめられないと動かない子ども」になってしまうからです。「ほめられたいから片付けをする」子どもは、「ほめられないなら片付けない」子どもに育ってしまうのです。

では、どうすればよいのでしょうか。

その答えは、「ほめて育てる」のではなく、「ともに喜んで育てる」こと。上から目線でほめてあげるのではなく、

「よくできたね。お父さんすごくうれしいな～」

「そんなにガッカリしなくても、この前に比べたらずいぶんがんばっていたじゃない。お母さん、感心しちゃった」

と、がんばった子どもに、「お母さん、うれしいよ」という親御さん自身の喜びの気持ちを伝えることが大事なのです。

なかには、兄弟や友だちなどと比べて、「誰かに勝ったときにだけほめる」というお父さん、お母さんもいます。でも、こういうほめ方は最悪です。誰かとの勝ち負けばかりにこだわり、勝てる見込みがないとまったく無気力になる人間に育ってしまうからです。

子どもたちは、学校や塾での勉強をはじめ、競争しなくてはいけないことがいっぱいです。それなのに、親御さんがほかの子どもたちとの勝ち負けにこだわってしまうと、お子さんはほかの子に勝ったときだけ自分に満足し、ほかの子に負けると自分には何の価値もないように感じるようになってしまいます。

「ほめる、叱る」はやめて、「ともに喜ぶ」という姿勢でお子さんに接するようにしましょう。

とはいうものの、お子さんにしてみれば、「がんばったから、お母さんにほめてほしい」ということもあります。そんなときは、上手にほめてあげたいものです。

そのコツは、

①すぐにほめる

②目を見て、頭をなでながらほめる

③結果ではなく、がんばりのプロセスをほめる

の３つです。

①の「すぐにほめる」ということは、その場ですぐに心理的なごほうびがもらえるということです。さまざまな心理学の実験によれば、何かをしたことに対して報酬が与えられるまでにタイムラグがないほうが、能力がより伸びるという結果が出ています。

②の「目を見てほめる」はコミュニケーションの基本です。子どもは大人が思う以上に鋭いもので、目を見ないと「本当にそう思ってるのかな？　口先だけかもしれない」と受け取ってしまいます。

同じように「頭をなでながら」ほめると、ほめ言葉が子どもの心に届きやすくなります。10歳くらいまでは、頭をなでながらほめると効果絶大です。

最も大切なのは、③の「がんばりのプロセス」をほめる、です。

テストや試合の結果ばかりほめられていると、子どもも「結果」（成績や勝ち負け）にばかりこだわる子になってしまいます。そして悪い成績が続くと、

「どうせ私はダメだから……」

とすべてに投げやりになり、意欲を失ってしまいます。

それをやめて、たとえば、

「いつもは毎日20分しか勉強しないのに、今日は1時間も勉強したね。お母さん、すごいと思うよ。うれしいよ。いつか成績になってあらわれるよ」

とプロセスをほめるのです。

すると、子どもも、

「そうか、がんばればそのがんばりを認めてもらえるんだ」

と思い、がんばりへの意欲につながります。

「小さながんばり」を見つけて、具体的にほめる

「子どもの行動をともに喜ぶといっても、ウチの子は何をやらせても全然ダメ。何をどう喜んでやればいいのかよくわかりません……」

そんなお母さんの嘆きをよくお聞きします。そんなときには、ハードルを思いきり低くして、お子さんの「小さながんばり」を見つけるようにしてみましょう。お母さんから見れば小さなことでも、お子さんにしてみれば「けっこうがんばっている」という、ちょっとしたがんばりが必ずあるはずです。たとえば、

・先生から渡されたプリント類を、以前は出し忘れてばかりいたのに、出せるようになった。そんなときにはすぐに、「忘れずに出せるようになったね。えらいよ」とほめてあげましょう。その翌日、また出し忘れるかもしれませんが、その

へんは大目に見てあげてください。

お子さんが努力した行動を具体的にほめることも大切です。がんばりの結果だけをほめるのではなく、そのプロセスを具体的にほめるのです。たとえば、

・「一つひとつの漢字がていねいに書けているね。漢字練習は、数をこなせばいいだけじゃなく、ていねいに書くこともとても大事だもんね」

・「運動会のダンス、すごくよかった。家で毎日練習していたもんね……。がんばったよ」

「結果よりプロセスが大事」ということは、大人の世界でも少なくありません。思いをこめて何かをすること、苦手なことにもチャレンジし続けることは、結果

よりもはるかに重要なのです。

具体的にほめるには、なんと言ってもお子さんのことをよーく観ていること。お子さんの行動をできるだけ細やかに観察し、ちょっとした変化や進歩に気づかなければ「ほめ上手」にはなれません。

ほめて育てても「自信過剰」になるわけではない

子どもをほめすぎて、自信過剰にさせてしまうことを心配される方もいます。

「ほめすぎたら、天狗になるのではないか」

「ちょっとしたことでほめていたら、努力を怠るようになってしまわないか」

ほめられることで、子どもが手を抜いたり、調子に乗ったりしてはいけない。子どものためには、むしろ厳しい態度で接したほうがよいとお考えになるのかもしれません。

しかし、カウンセリングで子どもの気持ちを聴いていてすごく感じるのは、**ほめすぎよりも、厳しくしすぎることのほうがお子さんの心や人生にはるかに大きなダメージを与える、ということです。**

たとえば、

・テストで90点をとって喜んでいる子どもに、
「上には上がいる。その程度で満足しないで100点を目指しなさい」

と言うお父さんがいます。お子さんは、すっかり勉強ぎらいになってしまいます。

・苦手なものを克服できず落ち込んでいる子どもに、
「そんなこともできないの？　できるまでがんばりなさい」

と言うお母さんもいます。お子さんは「どうせ私はできない子」と考えて、すっかり自信を失くしてしまいます。

お子さんにやる気を起こさせるために叱咤激励しているつもりなのでしょう。しかし、いつもこのような言葉をかけられていると、お子さんは「どうせ自分はダメなんだ」という無力感に陥ってしまいます。

女の子の親御さんで多いのが、「ウチの子は何をやらせてもうまくやってのける器用な子。だから、別に親があえてほめる必要もないわよね」という方です。しかしこういうお子さんでも「お母さんにほめてほしくて、必死にがんばってやっている」という場合が少なくありません。**何でもよくできる優秀な子どもでも、「よくできたね」と喜んでくれるお母さんの笑顔が欲しくて欲しくてたまらないものなのです。**

親から認めてもらえずに成長すると、どんなに優秀でも、つねに、自分に自信をもつことができない人間になってしまいます。そのため、「どうせ私なんか」と自分を卑下したり、逆に自意識過剰になって自慢ばかりする人間になってしまいやすいのです。

いつも自然体で輝いていて、品があるのにイヤミがない。そんな品格のある女性は、子どものときにうんとほめてもらうことによって、親に自信を与えてもらえた人なのです。

幼少期の「食育」が、女の子の品格を決める

男性が女性と接して最も幻滅することが多いシーン。それが食事の場面です。

食事中でも、ケータイでメールばかりしている。ひじをついて、好きなものばかりつまむように食べる……。そんな行動に幻滅して「この人はパス」と決める

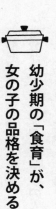

男性も少なくないようです。その女性に「品」が感じられないからです。

食事のマナーは、幼いころからの習慣が大きく影響するものです。大人になってからではすぐに変えられません。

・テレビやゲームを見ながらの「ながら食い」はさせない
・自分がソースを使ったらほかの人に回す、といったちょっとした心配りをする
・ひじをテーブルに立てて食事をしない

など基本的なマナーを身につけさせましょう。品のある食事のマナーは、女の子にとって一生の財産になります。

また、食事のときに配膳をお母さんといっしょにする、その子ができる料理の手伝いをする、といった、ちょっとしたお手伝いも小さいころからさせていきたいものです。

第２章

女の子の「学力」を伸ばす法則

——知的好奇心と向上心のあるお子さんに育てるために

男の子に比べて、集中力が高い女の子

小中学生の男の子をもつお母さんから、「いくら言ってもなかなか勉強しません。どうしたらいいんでしょうか」という相談を受けることがよくあります。しかし、女の子のお母さんから、この手の相談を受けることはほとんどありません。いったいなぜなのでしょうか？

これは男の子の脳と女の子の脳の違いによるところが大きいのです。

「反抗したがる」「一番になりたがる」「戦いごっこやじゃれあいが好き」といった特徴が生まれつき脳にプログラミングされている男の子に対して、女の子は、

「他人から言われたことを素直に受け入れる」

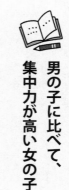

「教えられたことを一生懸命習得しようとする」

といった特徴が脳にプログラミングされています。

女の子が、黒板に書かれたことをきちんと板書したり、先生やお母さんに言われたことをまじめにこなしたりするのが得意なのは、女の子の脳の特性によるものなのです。

また、男の子の場合、ドーパミンという神経伝達物質が脳内に多く分泌されるため、「熱しやすく冷めやすい」という傾向があります。ドーパミンは、攻撃性や意欲を高め、何かに対して一心不乱になる集中力をもたらしますが、「パッと何かに夢中になったかと思うと、すぐまた別のものに興味が移る」という飽きっぽさの原因にもなります。

これに対して、女の子は一つのことをやり始めたら、できるだけ最後まで、まじめにコツコツと続けようとする集中力があります。女性が、男性に比べて文字や言葉を覚える能力が高いのも、この「コツコツ続ける集中力」が高いためなのです。

「素直に受け入れる力」の高い女の子は、**「よくできたね」「大丈夫だよ」**といった励ましの声かけによって、さらに**「コツコツ続ける集中力」**を高めていきます。お子さんの力を伸ばすポジティブな言葉がけを、早い時期から心がけてあげましょう。

「肯定的な言葉がけ」で、子どものやる気スイッチをオンにしよう！

子どもは、親からいつもかけられている言葉を、自分の心のなかで繰り返すようになります。

親から「かわいいね」と言われ続けて育った子どもは、「自分はかわいいんだ」

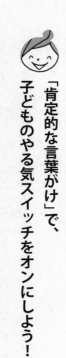

と思うようになり、女性としての自分に自信を持つようになります。そして、やがて誰からも「かわいいね」と言われるような「愛されオーラ」を発する女性になっていくのです。

女の子は、親御さんからかけられた言葉を男の子以上に強く受けとめます。こういった肯定的言葉がけは、子どもの「やる気スイッチ」をオンにするのにも役立ちます。ぜひともお子さんに、

「あなたは頭がいいね」

「きっとできるよ。やってみよう」

といった言葉をかけてみてください。肯定的な言葉が、子どもの心に「自分はできる子なんだ！」という肯定的な自己イメージを刻み込み、「やってみるぞ！」というやる気を起こさせます。言葉には、現実の行動をつくりあげる魔法の力が

潜んでいるのです。

ある小学校で、子どもたちに廊下を走るのをやめさせようと、「走ってはいけません！」という張り紙をしたところ、反発を感じたのか、逆に子どもたちは前にもまして走るようになってしまいました。ところが、その張り紙の言葉を「みんな、ゆっくり歩けるよね♪」と肯定的な言葉に変えたら、なんと歩く子どもが急に増えたのです。

人間は人からかけられる「言葉」に大きく左右されます。

「あなたは本当にバカだね。できない子だね」

このような否定的な言葉をかけられ続けた子どもは、自分は頭が悪いと思い込むようになります。そして、どんどん勉強に対するやる気を失い、成績も下がっていきます。

たとえテストの点が悪かったとしても、

「あなたは本当はできるはず。お母さんは、知ってるよ♡」

と、肯定的な言葉がけを続ければ、お子さんはまた、再度挑戦していく気持ちを取り戻していくはずです。

「お母さんの楽しみ」が、子どものチャレンジ精神を刺激する

「うちの子どもはなかなか自分から進んで何かすることがないんです」と悩むお母さんがおられます。４歳になるまどかちゃんママも、そんなお母さんの一人です。

「先生、ウチのまどかはものすごく無気力なんです。たいくつすると、『ママ、たいくつー。何か楽しいことないー？』って、私に頼ってばかり。来年下の子が生まれるんですけど、そうしたら、まどかにかまってやれる時間がとれなくなる

でしょう。パパが帰ってくるのはいつも夜中だし、一人でも何かして過ごせるような、自分から進んで楽しいことを見つけられるような子になってほしいんです」

「今は、どんなことをして過ごしているんですか？」

「おやつを食べて、おままごとをして、テレビを観て。公園に遊びに行くこともあります。公園に行けばお友だちもいるし。でも、お友だちと遊んでいる姿を見ても、まどかはお友だちのやることに頼りっぱなしで……」

「頼りっぱなしというと、受け身な感じ？」

「そうそう。たまには自分から『これやろう』って誘えばいいのに、いつも受け身で。もうちょっと、積極的な子になってほしいんです……」

「4歳なら、まだまだ受け身でもおかしくないですよ。お友だちと楽しく遊んでいるなら、それで十分だと思いますけどね」

「でも、しぶしぶお友だちのしたいことに付き合うときもあるらしくて、『楽しかった？』って聞くと『ふつう』ってつまらなそうに答えるんです。それなら、自分がやって楽しいことを、自分ですればいいのに」

「それなら、まずはお母さんご自身がやって楽しいことをまどかちゃんに『いっしょにやろう』って提案してはいかがでしょう？　お母さんが楽しいと思うことを、まどかちゃんといっしょにやってみるんです」

「え？　私自身が楽しいことですか？　まどかの楽しみを見つけるのに、私の楽しみは関係ないでしょう？　それに、子どもって4〜5歳にもなれば、自分で楽しみを見つけ出すものなんじゃないですか？」

「そんなことはないですよ。**女の子は、お母さんといっしょに何かを楽しむことを通して、自分の楽しみを発見していくものなんです。**お母さんが楽しめることと、何かありませんか？」

「……私、スイーツが大好きで、お店でかわいいスイーツを見つけたり自分でつくったりしたら、デジカメで写真を撮るんです」

「それ、いいじゃないですか。いっしょにつくったり、撮った写真をブログにアップしてみたらどうですか？　子どもがいっしょだと手間も時間もかかるかもしれないけれど、お母さんもまどかちゃんも楽しめると思えば、多少の手間ひまくらい気にならないでしょう？」

「子どもには子どもの遊びで付き合わなくちゃいけないと思っていたけれど、そんなことはないんですね」

「そうそう。無理のない範囲でやれるなら、ちょっとくらいむずかしくても、お子さんは楽しんでやろうとしますよ。今から始めたら、お菓子づくりも撮影の腕前も、お母さん以上に上達するかもしれないし」

「何だかワクワクしてきました。手始めに、簡単そうなシャーベットから、いっしょにつくってみることにします！」

「自分で考えなさい」より、興味を広げる手助けを

まどかちゃんくらいの年齢の女の子は、「ママといっしょ」だとガゼンやる気を見せるものです。お友だちと遊ぶのも楽しいのですが、お母さんといっしょに楽しみながら遊ぶことで、いろいろなものに対する興味や知的好奇心が引き出されていくのです。

「自分のしたいことくらい、自分で考えなさい」と突き放すようにお子さんに言う人もいますが、いきなり「自分で考えろ」はキツい注文です。楽しいことをいっしょにやったり、どこかへいっしょに出かけたりするなど、ご両親が刺激を与えて、興味の幅を広げる手助けをすることも大切なのです。

女の子は、お母さんの姿を真似て成長します。お母さんの楽しむ姿を見れば、

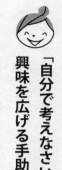

「楽しむのはいいこと。人生は楽しむものだ」と感じるようになります。

ぜひとも、お母さんご自身の楽しみを伝えることで、お嬢さん自身が「楽しみを見つける」手助けをしていきましょう。

先回りせず、子どもの発見を気長に待とう

親御さんのなかには、「優れたものにたくさんふれたほうが豊かな子になるはずだ」という思いから、いろいろなものに子どもがふれる機会をつくろうとがんばりすぎる方もおられます。しかし、与えられすぎてしまうと、子どもは自分で興味をもたず、与えられたものを受けとめるだけの子どもになってしまいます。

「この本は名作だから、今のうちに読んでおきなさい」

「芸術性を養うために、お絵描き教室に通いなさい」

もちろん、「ちょっとやらせてみる」くらいならばいいのですが、あまりしつこくアドバイスしすぎても、何の役にも立ちません。子どもは自然と興味を引かれ、「これはおもしろい！」と感じたものにしか熱中しないものです。子どもも自身が熱中しないものをいくらやらせても、子どものためにはならないのです。

早期教育は、「楽しいイベント」感覚で取り組もう

「2～3歳から始める○○トレーニング」「子どもを天才にする××式子育て」といった早期教育に関する本やテレビ番組がたくさんあります。しかし、「実際のところはどうなのだろう？」と戸惑っている親御さんも少なくありません。

7歳の祐輔くんと、3歳になったばかりの里奈ちゃんのお母さんの例を見てみましょう。

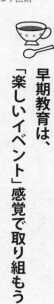

「先生、早期教育って、やっぱり2～3歳から始めたほうがいいですよね？」

「ん？　前にお母さまは『早期教育なんてよくない！　子どもはのびのび育てるべきだ』っておっしゃっていませんでしたっけ？　里奈ちゃんが生まれてから、早期教育に目ざめられたんですか？」

「目ざめたってわけじゃないんですけれど、里奈は言葉を話すのも覚えるのも早いみたいだから、小さいうちに才能を伸ばすのも悪くないのかなと思って」

「そうですね。悪くないですよ。お母さまもいっしょに、楽しんでやっていると、里奈ちゃんもやる気になってくるでしょうし……」

「ほら、英会話って、2歳までにレッスンを始めると、ネイティブと同じ発音ができるようになるって言うじゃないですか。『社内の公用語を英語にする』なんていう企業もちらほらと出始めてるし、これからの時代、英語力は身につけておいてソンはないでしょう？」

「そうですね。ただ、子どものころに英語ができるようになっても、大人になったらまるで話せなくなったという人も少なくありません」

「……そうなんですか？」

「もし英会話を始めるとしても、あまりしゃかりきになりすぎず、子育てをエンジョイするためのイベントの一つ、くらいに考えてやれるといいですね」

「イベントの一つ……」

「そうです。『よーし！　お母さんといっしょに英語、やってみよー！』って盛り上がって、楽しんでいけるのが一番です。それで、もしうまくこなせればラッキー。できなくても『あ〜残念。ま、いっか』くらいな気持ちでやってみるのがいいんじゃないでしょうか」

「なるほど！　早期教育っていうと妙にかまえちゃうけど、子どもといっしょにエンジョイする姿勢が大切なんですね」

「早期教育的雰囲気」にご用心！

早期教育それ自体には問題はありません。知的な能力の一部を確実に伸ばすこともできるでしょう。

あぶないのは、お子さんはそうでもないのに、親のほうばかりが早期教育にハマってしまって、「もっと早く、もっと正しく」と求めすぎてしまうことです。

そうすると、お子さんは精神的に追いつめられてしまって、頭が痛いとか、お腹が痛いとか、いろいろな症状を出していきます。つまり、**問題なのは、早期教育そのものよりも「早期教育的雰囲気」なのです。**

「もっと早く、もっと正しく」という早期教育的雰囲気は、子どもを萎縮させ、親の期待に過剰に応えようとする「いい子」を育ててしまいます。けれど、無理を続けていると、いつか心がパンクしてしまいます。

早期教育をやるかどうか決めるときは、「お子さんの能力」よりも子どもと親がいっしょに楽しんでできるかどうかを、真っ先に考えるべきなのです。

お母さん自身が「誤りを許せない」完璧主義、「ほかの子と張り合ってしまう」ライバル心を抑えられないようなら、早期教育はおすすめできません。

「ボーッとしている」ときの豊かな内面活動

親御さんが早期教育に関心を寄せる背景には、ここ数年取りざたされている格差社会における教育の格差、「子どもが将来、人並み以上の暮らしが送れるかどうかは、親に与えられた教育によって決まる」といった風潮があります。

「子どもが将来困らないよう、できるだけの教育をしてやるのも親の務めだ」

そんな親の責任感を過剰に感じていらっしゃる方も多いようです。

しかし、子どもの教育において重要なのは、親が何かを「させる」ことばかりではありません。余計な手出し、口出しをしないこと、子どもの内的な成長をじっくりと見守るということも、親の大切な役割の一つです。

「ウチの子はいつもなんだかボーッとしているんです……。元気がないわけじゃないけれど、ジーッと何かを眺めていたり、ぬいぐるみを延々とこねくり回したりしていて、ちょっと心配なんですけど……」

そんなお子さんの様子を心配して、「何とかしてやらなくてはならない」と焦りを感じている親御さんもおられます。

しかし、何となくボーッとしていたり、おとなしくしているのは決して悪いことではありません。おとなしい子や口数の少ない子は、大人が想像もつかないほど内面の思考活動が行われていたり、感受性が豊かだったり、丹念に周囲を観察していることが多いのです。

『子どもが孤独《ひとり》でいる時間《とき》』（松岡享子訳、こぐま社）の著者であるエリーズ・

ボールディングさんは、子どもが生活のどこかで孤独でいる時間の重要性を指摘しています。**「人間には一人でいるときにしか起こらないある種の内面的成長」があり、そのため、一人になって自分と対話する時間を持たず、絶えず外界からの刺激に身をさらしてばかりいると、想像力や創造性の発達が妨げられてしまうと言っているのです。**

子どもが本来持っている想像力や創造性の芽をつまないためには、「ボーッと過ごすのんびり時間」もとても大切であることを、どうか忘れないでください。

子ども部屋ではなく、リビングで勉強を

「テレビばかり観ていないで、さっさと部屋に行って勉強しなさい！」

なかなか宿題をしない子どもにしびれを切らして、思わずこんなセリフを投げ

つけてしまうお母さんも、少なくありません。

でも、このセリフは×。なぜなら、子ども部屋で机に向かって、一人で黙々と勉強できる子なんて、いまどき、まずいないからです。

では、どうすればいいか。

勉強机を子ども部屋からリビングに移して、リビングで勉強する習慣をつけさせるのです。

リビングで勉強すると、集中力がアップして成績が上がりやすいことがわかっています。

「じゃあ、小学生のうちは勉強部屋は必要ないの？」

必要ありません。女の子に子ども部屋を用意してあげるのは、思春期に入ってプライベートな空間が必要になる11～14歳くらいでいいでしょう（個人差があります）。それまでは、むしろ子ども部屋を与えないほうが成績が上がるかもしれません。

親といっしょの勉強で、勉強モード「スイッチ・オン！」

お子さんに勉強する習慣をつけるには、最初の10分から20分だけでいいので、お母さんやお父さん自身がいっしょに勉強をしていただくのがおすすめです。子どもは「勉強モード」に「スイッチ・オン」するのがむずかしい。それを手伝ってあげるのです。

もちろん、つきっきりで教える必要はありません。最初の10分程度見てやったら、「できたら声をかけてね」と言って、自分の用事をしていてかまいません。勉強が終わったら、丸つけしたり、やったところをチェックしてあげるようにしましょう。

「いっしょに勉強したり、丸つけやチェックなんてめんどうくさいなあ。そんなの、学校でやるべきことでしょう」

そうおっしゃる方もいらっしゃるかもしれませんが、最初の10分だけでも親がいっしょに勉強すると、お子さんは簡単に「勉強モード」に入っていくことができるのです。「勉強しなさい‼」と口うるさく言うよりも、「じゃ、いっしょに勉強はじめよっか！」と誘いかけるほうが、ずっと簡単に勉強の習慣がつきやすいのです。

小学生の子どもたちは、いくら口が達者になってもまだまだ子どもです。ひとりぼっちで勉強するのは、さみしすぎて無理なのです。

ちなみに、親に読書する習慣があると、子どもの成績が上がりやすいというデータがあります。「子どもの成績を上げるような環境を」と考えているのなら、まずは親御さん自身が何かを学び読書するのが近道かもしれません。

「本当に勉強ができる子」が実行している秘密の法則

「どのくらい勉強させればいいのか」と悩まれるお母さんもいます。

小学校低学年のうちは、学校から毎日出される宿題をこなしていれば、それだけで十分です。宿題以上の勉強を無理にやらせる必要はないでしょう。この時期大事なのは、勉強ができるようになることではなく、イヤがらずに勉強する習慣を身につけることだからです。

しかし、小学校３年生の後半ぐらいから、「宿題だけじゃ足りない。問題集やドリルもやらせよう」と考える親御さんも多くなります。そんなとき、家庭で用意するドリルの鉄則は、次の通りです。

・1冊のページ数が薄いものを買う
・1ページの問題量が少ないものを買う

お子さんに「達成感」を与え、さらにやる気を出すために、この2点は重要なポイントです。「1ページできた」「1冊やりきった」という達成感は、「私は勉強することができる」という自信を育て、勉強の習慣をつけることにつながります。

ここで、「本当に勉強ができる子がこっそり実行している「秘密の法則」をお教えしましょう。それは、「**同じドリルや問題集をパーフェクトにできるまで、繰り返すこと**」です。高偏差値の中学校に合格した多くの子は、口をそろえて同じことを言うのです。

しかし、飽きっぽい子どもたちにとって、これはなかなかむずかしいことです。こんなとき、教育熱心な親御さんのなかには、スパルタ式でたたきこもうとしてしまう人もいます。しかし、無理にやらせても、お子さんを勉強ぎらいにさせるだけで、何のメリットもありません。

親としては「何とかしてやらなきゃ」と焦ってしまうかもしれませんが、毎日少しずつ、繰り返し勉強していけば、必要な学力は必ず身につきます。

また、小学校低学年くらいまでは、「勉強よりも友だちと遊びたい！」という気持ちがまだまだ強いものです。学校から帰った子どもに「遊びより、宿題が先でしょ」と言ってきかせても、なかなか勉強に集中できないでしょう。

そんなときは、いっそのこと勉強を後回しにして、遊びを優先してしまうのがおすすめです。**遊びから戻って、テレビを見たり夕食を食べるまでの10〜20分を、勉強のスタート時間にあてるのです。**

「遊びから戻ったら、15分勉強する」という決まったリズムをつくり、「1日1回は、勉強するのが当たり前というクセ」を身につけさせるようにしましょう。

内気なお子さんには、「おだやかな雰囲気の学校」を選ぶ

お嬢さんがいかに楽しく、いかに充実した学校生活を送れるか、その大半はどんな子どもが通っているのか、どんな雰囲気の学校なのかといった、「友だち環境」や「学校風土」で決まります。

特に「うちの子は気が小さいな」「神経質で、内気なところがあるな」と思われる場合には、通学圏の土地柄やその地域の雰囲気をしっかりとリサーチし、お子さんの教育を第一に考えた環境を選ぶべきです。

「家賃が安くて助かるから」「都市圏に近くて便利だから」など、住まい選びの基準はさまざまだと思いますが、少し内気なところや、神経質なところがあるお子さんがいる場合には、多少の不便や経済的な出費に目をつぶってでも、「環境

に恵まれ、よい学校があること」に重点を置いた住まい選びをしましょう。

お子さんの小学校入学をきっかけにマイホームの購入をお考えになる方も少なくありません。予算にばかり気を取られて、お子さんの教育環境が二の次になってしまうような家選びだけは、絶対に避けていただきたいと思います。というのも、一度マイホームを購入してしまったら、お子さんの学校生活に深刻な問題が起きたとしても、ガマンさせるしかないということになりかねないからです。

「親の事情に合わせるのは当たり前。学校でイヤなことがあるくらい、精神力で耐えて何とか乗り切れ」

という意見もあるかもしれません。**しかし、いまどきの学校で起きる問題、特に小4から中3くらいにかけての問題というのは、精神力で耐えられるような、生やさしいものではありません。**

耐えきれなくて不登校になったりひきこもったりしてしまうのは、本人が甘えているからではありません。それだけ学校環境がハードな場合が多いのです。

もちろん、ガチャガチャした学校でも楽しくすごせるお子さんもいます。けれど、「ガチャガチャうるさい雰囲気の教室にはとてもいられない」というお子さんも少なくありません。

通わせたい学校の通学圏に、予算に見合った物件を見つけられないのならば、思い切って家の購入をしばらく見合わせ、賃貸住宅に住むというのも、選択肢の一つです。

「公立か私立か」より、「学校そのものの質」が重要

お子さんが小学校3、4年ともなれば、中学受験について考え始める方も少なくないでしょう。

地元の公立に行かせるか、あるいは私立中学を受験させるか。来年小学5年生

になるゆいちゃんのお母さんも、進学塾から送られてきた「公開模試」のダイレクトメールを前に考えあぐねていました。

「先生、中学受験ってどうなんでしょう？　小学生のうちから受験だなんて、私はちょっと抵抗があるんですが……。進学塾からのダイレクトメールを見ていたら、受験させなきゃいけないような気分にさせられてちょっと焦ったんですけど……」

「**重要なのは、受験させるか公立を選ぶかということより、通わせる学校の質そのものですよね。**お子さんがちょっと内気だったり、繊細なところがある子で、地元の公立がかなり荒れているとしたら、思い切って私立中学を受験するという道も考えたほうがいいでしょう。しかし、私立のほうが公立より落ち着いているとは限りません。**落ち着いた公立よりも、はるかに騒がしい私立もじつは少なくないんです**」

「ウチの地元の中学については、それほど悪い噂は聞かないですね。学校のある環境も悪くないし、通っている生徒たちもごくふつうな感じ。いわゆるヤンキー風な子はほとんど見かけませんね。ジャージを制服がわりにして、毎日のんびり通学している子が多いみたいです」

「それなら地元の公立でも問題ないかもしれないですね。今後も、その中学にお子さんが通っている親御さんにそれとなく聞いたりして、学校の状況や評判をできるだけつかんでおくようにするといいですよ」

♡ 「偏差値」や「進学実績」だけにとらわれない学校選びを

私は、公立、私立を問わず、全国の多くの学校にうかがって授業の様子を拝見したり、先生方の研修をおこなってきました。

その経験をもとに学校選択のアドバイスをさせていただきたいと思います。
子どもにとってよい学校を選ぶポイントは、次の一点。

「先生同士が仲よく、楽しく勤務している学校を選びましょう」

先生たちが仲よく和気あいあいとしているか、何だかギスギスした関係になってしまっているかは、学校の雰囲気に大きな影響を与えます。多くの子どもは、そのことに気づいているものです。

一般的に、教師の異動がない私立では、人間関係が固定しやすい傾向があります。教師同士が仲よく和気あいあいとしている場合はその関係が、逆にギスギスしている場合はその関係が、そのまま続きやすいのです。そして、雰囲気の悪い学校は次第に生徒にも影響を与えます。教師のやる気が低くなるからです。

目に見えるカリキュラムももちろん大切ですが、それ以上に学校や先生方の

「雰囲気」をチェックしましょう。いろいろな行事に出るだけでも何となく雰囲気は伝わってくるはずです。

中高一貫校のメリット、デメリット

最近は、私立だけでなく公立の中高一貫校も増えてきています。中高一貫校には、

・6年間を通じて同じ仲間と過ごすことができ、人間関係を深められる
・14～15歳という心が不安定な時期に受験を経験せずにすむ
・その学校の理念に即した教育を一貫して受けることができる

などのメリットがあります。

また、その学校の教育理念に賛同した保護者の子どもが集まるため、同質性が高くなります。公立のように「どんな子がいるかわからない学校」にはなりにくく、これが安心感につながります。

しかし、中高一貫校には、次のようなデメリットもあります。

・中・高でリセットできない

女の子の場合、中学～高校の思春期は友だちとの関係がとてもむずかしくなりやすい時期です。仲のよい友だちができなかったり仲間はずれにされたりなど、中学でつらい思いをする子は多いのですが、高校進学によって環境を一新し、新しいスタートを切ることができます。**「高校進学をきっかけに、中学時代のつらい人間関係から救われた」という女の子は少なくないのです。**

しかし、中高一貫校では、６年間同じメンバーで過ごすため、友だちとうまくいっていなくても、「人間関係のリセット」ができません。

・多様な人と出会うチャンスが減る

公立中学校には、勉強ができる子から苦手な子、裕福な家庭の子から貧乏な家庭の子まで、じつにさまざまな子が通っています。公立校は、まさに「実社会の縮図」なのです。多様な人とふれあうことで、いろいろな人とつきあっていくための「人間関係力」を養うことができます。

私立では、似たタイプの子どもが通うため、同質性という安心感を得られるかわりに、公立のように多種多様な人と関わるチャンスは狭まってしまいます。

一番はじめに受験する学校を「確実に受かる学校」にする

女の子の受験生をお持ちの方に気をつけてほしいのが、受験スケジュールの組み立て方です。

最初に受けた学校に落ちてしまうのは、子どもにとって大きな痛手になります。特に、女の子の場合、このダメージをその後も引きずってしまいやすいのです。なかなか立ち直ることができず、次の学校へのチャレンジで、ベストを尽せなかった、という例をよく耳にします。

女の子の中学受験で大切なのは、一番最初に受ける学校を「確実に受かる」学校にすること。お子さんの実力よりもいくぶん低い、「ここならきっと受かるはず」という安全圏レベルの学校を選ぶのです。

最初が成功すれば、自信がついてはずみがつき、次のチャレンジでも合格する確率が高くなります。「すでに合格しているところがある」という安心感も手伝って、全力投球できるのです。

たとえ自信がある場合でも、はじめからいきなり、レベルの高い本命校を受けるのは避けたほうが賢明でしょう。

「第一志望に受かることがベスト」とはかぎらない

どれほど努力しても、合格するとは限らないのが中学受験です。私立中学を受験した子どものうち、第一志望に合格できる子の割合は約3割です。3人に2人は、第一志望はあきらめざるをえないのです。

たとえ「無理かも」と思っていても、実際に不合格の通知をもらうと、どんな子でも多少は落ち込みます。

そのとき、明るくいたわりながら、こう言ってあげてください。

「大丈夫。あなたにあった一番いい学校に行けるようになっているはずよ」

これは決して気休めではありません。実際に第二志望くらいの学校に通ったほうがうまくいく場合は、少なくないのです。

たとえば、「第一志望校に合格できず、気持ちを切りかえて第二志望の学校に通い始めたら、その学校のカラーが自分に合っていて、すばらしい先生や友だちとも出会えて、学力も伸びていった。もし背伸びして第一志望校に入学していたら、かえって自信を失ってしまい、楽しい学校生活を送ることはできなかったかもしれない。最初は落ち込んだけれど、あとで思えば、第一志望校に受からなかったのはラッキーだったのだ……」このような体験をしている人は、すごく多いのです。

人生、何が幸いするかわかりません。

目先のことにだけとらわれず、長い目でみていきましょう。

「あなたにとって一番いい学校に受かったと思うよ」と親御さんが繰り返し言葉にして伝えることで、お子さんの心のなかにも、自分が通う学校に対するポジティブなイメージが育っていくはずです。

第3章

女の子の「恋愛力」と「結婚力」の育て方

——愛されオーラを放つ素敵な女性の秘密は「自己肯定力」

人を愛し、人から愛される女性の共通点

ものすごく美人というわけではないのに、なぜかモテる女性っていますよね。

そんな女性の共通点は、いったいなんでしょう？

それは「自分のことが好き」ということ、専門用語でいうと「自己肯定感」を持っていることです。

幼少時に親からたっぷり愛情を受けた女性は、

「私は愛されるに値する人間だ」

という、静かな自信＝「自己肯定感」を持っています。この自信はうぬぼれとはまったく違うものです。

「かわいいね」と言われ続けて育った子どもは、誰からも「かわいいね」と言わ

れるような「愛されオーラ」を発するようになります。

同じように、「私は愛されるに値する人間だ」という自己イメージを持っている人も、周囲に「この女性は愛すべき人だ」という印象を与え、自然と人から愛されるようになっていくのです。

反対に、どんなに美人であっても、「私はダメな女だ。愛される価値なんてない人間だ」と思っている人は、「不幸オーラ」を発し始めて、実際に自分をおとしめるような人を引き寄せてしまいます。「私は愛されるに値する人間だ」という「自己肯定感」を抱くことのできる女性は、愛し愛される人を見つけ、安心感に満ちた幸せな関係を育むことができるようになるのです。

「自己肯定感」をもった女性に育てる方法は、１章でふれた通り、乳幼児期（0～6歳）に惜しみない愛情をうんと注ぐこと！　です。

「男性と自然に接する力」を養うために

「できれば幸せな結婚をしてほしい」

女の子をもつ親御さんの多くは、わが子にそう願っています。

結婚するだけが人生じゃない。経済的に自立して、結婚せずに独身で生きていくのも悪くはない。それはわかっているけれど、でもやっぱり、できれば幸せな結婚をして、パートナーと支え合って生きていってほしい。それが、多くの親御さんの本音でしょう。

では、お子さんの幸せな恋愛と結婚のために、親としてできることは何でしょうか？

まず大事なのは、身近な異性とのふれあいを通じて、異性に慣れ親しんでおかせることです。

お父さん、おじいちゃん、おにいちゃんなど、身近な男性とふれあう機会をもつことで、男性に対する抵抗が少なくなり、男性と自然に接することができるようになります。

異性とふれあう機会が少ないまま成長すると、とても奥手になったり、高すぎる理想を抱いてしまうものです。実際の男性とかかわってこなかったために、男性をこわがるようになったり、男性に対して妙な妄想をふくらませてしまったりするのです。

「一緒にいて本当に幸せ」と感じることのできる男性を見分けるのに、こうした妄想や過度の恐れは妨げになります。

幸せな恋愛ができるようになるには、妄想や思い込みの世界にひたらず、現実の男性とふだんからかかわっておくことが大切です。

女姉妹だけならば、「お友だちの兄弟」と遊ぶのもおすすめ

30歳になっても「白馬に乗った王子様がいつか私のもとにやって来る」と、心のどこかで信じている女性も少なくありません。こうした女性には、姉妹はいても、兄や弟はいないことが圧倒的に多いのです。

これに対して、男きょうだいがいる女性は、異性に対して気がまえがなく、男性とごく自然に付き合えるようです。女だけのきょうだいで育った女性に話を聞くと、

「父親も仕事で不在がちで、とにかく女ばかりの環境で育ったせいか、男性に対してはやっぱりかまえてしまったり、意識しすぎちゃいます」

という方が少なくありません。恋愛上手か下手かには、兄弟・姉妹の構成が、

かなり関係するのです。

「ウチの娘には男きょうだいがいない。姉妹ばかりだと、恋愛ベタになってしまうの？」と不安になってしまわれた方もおられると思います。

でも大丈夫です。男きょうだいがいないのなら、お子さんのお友だちの兄弟と遊ばせたり、男のお子さんをもつお母さんの友だちと、家族ぐるみで交流したりすればいいのです。幼いころから男女入り交じって遊ぶ機会を持つことで、「男の子って、こんな感じ」という雰囲気をそれとなくつかませていきましょう。

「男の子って乱暴で食いしん坊だけど、けっこうやさしいところもあるんだな」恋愛感情以前の、こうした自然な感覚を育てておくことが、将来、いい恋愛をするための土壌となります。

また、女の子の親御さんとしては、「異性から、ちょっとはモテる女の子になってほしい。たくさんの男の子にちやほやされる必要はないけれど、せめて気に入った男性には振り向いてもらえるような、魅力的な子になってほしい」。そんなふうに感じるものですよね。

そのためには、ぜひ「品があって、アクティブな思いやりのある女の子」を目指しましょう。品があっても、おとなしくて、男の子に声をかけられても引き気味になってしまうと、せっかくの魅力が男の子に伝わりにくくなります。そこで、理想的なのが、「品があって少しだけ男の子にアクティブにふるまえる」女の子なのです。

♡「パパとママのラブ♡」が、幸せな結婚イメージを育てる

お子さんが幸せな恋愛をするには、何と言っても、**「お母さんとお父さんがラブラブ♡で、仲よくしていること」**が一番です。子どもは、両親がラブラブで仲よくしている姿を見て、「好きな

人といっしょにいられる結婚って幸せなことなんだな」と感じるようになっていきます。

特に女の子は、お母さんを見て、恋愛や結婚観を学んでいきます。お父さんといてリラックスし、楽しそうにしているお母さんを見れば、「恋愛や結婚は、好きな人と心おだやかに過ごすことだ」とイメージするようになります。

これとは逆に、お父さんといるときに、いつもケンカばかりしてイライラしているお母さんを見れば、「恋愛や結婚は、ケンカしたりイライラしてばかりいること。落ち着かなくて、つらそうだな」と思うようになってしまいます。

子どもによい恋愛や結婚をしてほしいと願うのなら、お母さん自身がよい恋愛、よい結婚をするのが一番です。お母さんのハッピーでラブラブな姿を通じて、「恋愛や結婚はいいものなんだよ」というお手本を、ぜひ見せてあげましょう。

では、夫婦のラブ♡をお子さんに伝えるには、どうすればいいのでしょうか。

・できるだけ子どもの前で、「イチャイチャ」する
・キスやハグを子どもの前でする

「子どもの前で夫婦でイチャイチャするのは恥ずかしい」と思っている方は少なくありません。

しかし、それでは、夫婦のラブ♡は、お子さんには伝わりません。子どもは、「イチャイチャしていない＝パパとママは愛し合っていない」と受けとめてしまいがちなのです。

実際に、ある大学の授業で「お父さんとお母さんは愛し合っていると思いますか？」という質問をしてみたところ、「愛し合っていると思う」と答えたのはたったの2割、あとの8割は、「自分が生まれてしまったから、しかたなく夫婦を続けていると思う」と答えました。「父と母がイチャイチャしているところを見

たことがない」というのです。

ぜひお子さんの前で、「ベタベタ」「イチャイチャ」のスキンシップを心がけましょう。できれば、お子さんの前で「キス」や「ハグ（抱擁）」ができればベスト。テレくさい場合は、手をつなぐ、腕を組むなどでもかまいません。

「ケンカしても仲直りできる」を教えよう

夫婦のイチャイチャと同様に、夫婦ゲンカも子どもの前でやったほうがいいと私は思っています。男と女が長いこといっしょに暮らしていれば、ケンカの一つや二つ、あって当たり前です。夫婦の間でケンカもしないかわりに、言いたいことも言えず、ガマンして不満をためこむ姿をお子さんに見せるほうがよくありません。「うちの家は、言いたいことも言えない家なんだ」と子どもは感じてしまうからです。

ただし、お子さんの前で夫婦ゲンカをしたら、仲直りもお子さんのいる前でしましょう。そんな両親の姿を見れば、子どもは「本音をぶつけ合っても、仲直りができるのが夫婦なんだな」と感じるようになります。

「パパとママは、ケンカもするけれど、仲直りもきちんとできる」という姿を子どもに見せるほうが、お子さんに安心感が生まれますし、「うちの家は、言いたいことを言っても大丈夫」と感じて、伸び伸びと育つようになります。

また、両親がケンカや言い合いをしたあとで、相手に譲ったり、素直に「ごめんなさい」と言う姿を見ることで、子どもは気まずくなった相手との関係を修復する「仲直りのスキル」を実地に学ぶことができます。その意味では、「ケンカは子どもの前で。仲直りはベッドの中で」という夫婦は、じつにもったいないことをしているのです。

もちろん、手をあげたり大声で罵倒したりなど、子どもが怯えるような激しいケンカは論外です。「ケンカもできる仲よし夫婦」を目指しましょう。

「離婚家庭の子は不幸」という思い込みを捨てよう

「子どもがいい恋愛、いい結婚をしたくなるには、夫婦が仲よくラブラブであることが一番」と言いました。では、離婚した夫婦の子どもや、ひとり親家庭の子どもにいい恋愛や結婚ができないかというと、決してそんなことはありません。

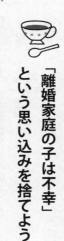

実際、ひとり親家庭に対する支援が厚いフランスやドイツでは、未婚のまま一人で子育てをしている女性が数多くいますが、**ひとり親家庭であるがために、子どもの人生に悪影響があるという報告はほとんど聞かれません。**

世間では「離婚したら、子どもが不幸になる」という考え方がまことしやかにささやかれます。しかし、カウンセリングで出会う子どもたちを見ていると、

「仲がすごく悪くて、怒鳴りあってばかりいるのに離婚しない夫婦の子どもが不幸になる」という例のほうが多いくらいです。

暴力や浮気などによって、修復不可能なほど険悪な夫婦関係になっているのに、「離婚は子どものためによくない。自分を犠牲にしてでも家庭を維持すべきだ」と信じ込んで、離婚に踏み切れずにいる女性の方もいます。

このようなお母さんに育てられた女の子は、**「自分を犠牲にしてでも、耐え続けるのが結婚だ」とイメージするようになってしまいます。そんな子は、将来知らず知らずのうちに、やはり「自分が耐え続けなくてはいけない」ような「不幸な結婚相手」を選んでしまうのです。**

子どもに「耐え忍ぶのが結婚だ」と感じさせるくらいなら、いっそ思い切って離婚をし、新たに人生をやり直すほうが、ずっと子どものためになります。お母さんが不幸な結婚生活にピリオドを打ち、人生の再スタートを切る姿を見せることは、お子さんに「たとえ結婚に失敗したとしても、幸せな人生に向けて、やり直すことはできる」というポジティブなメッセージを伝えることになるからです。

♡「幸せになるために離婚する」というメッセージを伝える

両親が言い争いばかりしていた家庭に育った子から、よくこんな声を聞くことがあります。

「パパとママが言い争いばかりしている姿を見るのもつらかったし、『あなたのためだから』と離婚しない言い訳を聞かされるのも、本当につらかった。離婚してくれたときは、心からホッとした」

こんなふうに言うお子さんは、決して少なくありません。

しかしその一方で、「両親が離婚したのは、自分のせいなのではないか」と長い間、思い悩んでしまう子どももいます。

仲の悪い夫婦はしばしば、子どもの教育やしつけについても言い争いを起こすものですが、この**「しつけをめぐっての言い争い」**を、子どもは**「自分のせいで争いが起きている」と勘違いしてしまうのです。**

「おまえのしつけが悪いからだ！」

「何よ！　あなたこそ、人のせいにばかりして」

こんなやりとりを目にした子どもは、「自分が悪い子だから、パパとママはケンカをするんだ」と自分を責めるようになります。子どもが原因で離婚する夫婦などまずいません。しかし、大人の事情を理解できず、「パパもママも大好きで両方責めたくない」と感じている子どもは、離婚によって家族がバラバラになってしまうという一大事の原因を、「自分が悪いんだ」と思うことで納得しようとするのです。

「自分が原因で、パパとママは離婚したんだ」などと思わせないためには、ご両親が落ち着いた態度で、しっかりとこう伝えなくてはいけません。

「離婚するのは、あなたのせいなんかじゃないのよ。パパとママはきちんと話し合って、お互いがもっと幸せになるために離婚することにしたの。不安な思いをさせてごめんね。パパもママも、あなたのことを心から愛しているの。離婚しても、みんな今まで以上に幸せになれるから、心配しなくて大丈夫だよ」

こうしたメッセージを必ず言葉にしてきちんと伝えてください。

「言わなくてもわかる」なんてことは、ありません。ほとんどの子ども（特に女の子）は、親の離婚を自分のせいだと思ってしまう傾向があることを、決して忘れないでください。

離婚も結婚も、肯定的にとらえよう

「離婚したということは、結婚なんてしなければよかったということ？」と子どもに思わせないことも大事です。

「離婚することになってしまったけれど、『結婚しなければよかった』なんて、ママはこれっぽっちも思っていないよ。ママはパパと結婚して、あなたという大切な子どもを授かって、本当に幸せだったよ」

離婚する人のなかには、子どもに別れた夫（妻）の悪口を言ったり、「結婚なんかするんじゃなかった」と結婚への後悔をグチって聞かせる人もいます。しかし、こんなことをしたら、子どもは結婚そのものに悪いイメージを抱くようになります。

「子どもには、結婚を前向きにとらえるようになってほしい」と思うのなら、たとえ離婚をしたとしても、結婚したことや別れた夫（妻）を否定することなく、イキイキと幸せそうにしていることが大事なのです。

「子どもに悪いことをした」と、離婚を負い目に感じる人も少なくありません。しかし、必要以上に負い目を感じていると、子どもに「結婚や離婚は重たいもの」と思わせてしまいます。

離婚したあとはくよくよせず、「子どもと幸せになる！」と気持ちを切り換えて、毎日をハッピーに過ごしてください。

シングルマザーが「父親のぶんまで」と気負いすぎるのは禁物！

「父親がいなくても、子どもと幸せになる！」その気持ちは十分にあります。でも、父親がいない埋め合わせをうまくできるかなって、そこだけがちょっと心配なんですよね」

そう話すのは、小学校5年生になる娘のあやかちゃんと二人暮らしを始めた、シングルマザーの藤山さん。お父さんがいないデメリットをできるだけカバーしなくてはと、いつも張りつめた気持ちでいるのです。

「男手が必要なときは、自分が男親になったつもりでがんばらないといけないでしょ。私、こう見えてけっこう力もあるんです。重たいものを持つのも平気だし、大工仕事だってできちゃうんですよ」

「それは頼もしいですね。**でも、男親のぶんまで、無理にやろうとがんばりすぎるのは、よくありませんよ**」

「え、どうしてですか？」

「お母さんが『私がしっかりしなくちゃ』『私が父親の代わりもしなくちゃ』と

考えていると、必要以上に子どもに厳しく当たってしまいやすいのです。ほかの人から『あの子、やっぱり片親だよねって言われたくない』と思って、あやかちゃんに厳しくしすぎていませんか？」

「たしかに、最近意識して厳しくするようにしてますね。これまでアマアマで育ててきちゃったから、これからはしめるとこはしめていこうと思って、ドスをきかせた声で注意するようにしているんです。『コラァ〜』って」

「うわっ。それはあまりおすすめできませんね。……父親のぶんまで、なんてがんばりすぎないで、これまでのように楽しく子育て！　を大切にされてください」

「母子家庭であること」に、ハンディを感じる必要はない

「離婚するときに、私、母からこう言われたんです。『離婚して仕事が忙しくな

ったら、あやかといっしょにいてやれる時間が少なくなる。父親がいなくなった上に、母親と過ごす時間も減って、あやかはさみしい思いをしているにちがいない』って。やっぱりそうなんですかね？」

「気にしすぎることはないですよ。**お母さんが幸せでいることが、お子さんの幸せにとって一番大切なんです。**両親がそろっていても、夫婦共働きなら子どもと過ごせる時間はあまりありませんよね。

だから、『離婚したせいで子どもにさみしい思いをさせている』なんて考えなくても大丈夫。そもそも、日本の多くの家庭は、両親そろっていても父親が忙しすぎてほとんど家にいないから、実質的にはほとんどの家庭が母子家庭状態です。必要以上にハンディを感じすぎないほうがいいですよ」

「それを聞いて安心しました。さみしい思いをさせているのかなと気がかりだったんです。考えてみれば、あやかもそろそろ5年生、もう、子離れ親離れすべき年ごろかな。独身になったことだし、恋愛して彼氏でもつくろうかな？」

思春期の再婚は、女の子の心を不安定にする

「いやいや、それはちょっと待ってください！　恋愛は……悪くはないんですが、できるだけ慎重に。あやかちゃん、そろそろ思春期ですから」

「え？　私の恋愛とあやかの思春期と、何か関係があるんですか？」

女の子にとって、小学校高学年から高校1年生にかけての思春期は、心が最も不安定になる時期です。異性を意識し始めるデリケートな時期でもありますから、お母さんの恋愛についてはちょっと慎重になってください。「恋愛をしてはいけない」とは言いませんが、いきなり「彼氏なの♪」と紹介したり、家に連れてきてベタベタするといった行動はできれば避けてほしいと思います。

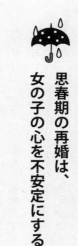

親しい関係の男性ができてもしばらくは「男友だち」をよそおって、話題のなかでさりげなく「小出し」にしながら、高2~高3くらい（お子さんによって個人差はあります）の、恋愛のことをふつうに考えられる時期になってから、無理のないかたちで顔合わせできるように取りはからいましょう。

「そうですよね。母親にとっては愛する恋人でも、娘にとっては突然出てきた『よく知らないオジサン』ですもんね。いくら母親の恋人でも、知らない男が自分の家で暮らすっていうのは、娘にしてみればやっぱり抵抗があるものですよね」

「女の子は、そういう部分が敏感ですからね。それともう一つ、**思春期の女の子にショックなのは、お母さんの「生々しいオンナの姿」を見せつけられることなのです。**小5~高1はただでさえかなり不安定ですから、お母さんに恋人がいることを知ったことをきっかけに不登校や非行に走る子どもも少なくありません。

そんな女の子の敏感さをきちんと理解できる男性を選ぶことも大切です。娘さんの揺れる気持ちのことも大切に考えてくれる男性なら、いずれは娘さんからOKがもらえるんじゃないかな」

「なるほど。恋愛相手や再婚相手を選ぶときは、娘の気持ちにも配慮してくれそうな人を選ぶのが一番ってわけですね。

でも、それっていつごろになるんでしょうか？　さっき先生、高２〜高３くらいなら……とおっしゃったけど、うちの子、ちょっと幼いから大学生になってからのほうがいいんでしょうか」

「それくらいがいいかもしれません。一番わかりやすいのは、娘さん自身に彼氏ができて、娘さんのほうから『お母さんも、そろそろ彼氏でもつくったら？』というセリフが出るようになったら、もう大丈夫でしょうね。お母さんを一人の女性として見られるようになった、ということですから」

「男の子がかなり苦手」なら、無理せず女子校に

離婚して実家に戻り、10歳になる美香ちゃんとおばあちゃんと3人で暮らしている吉川さん。家庭のなかにまったく「男っ気」がありません。

気になるのは、最近、美香ちゃんが「クラスの男子が苦手」と言い始めたことです。離婚のことで「男性恐怖症」になっていないか、心配なのです。

「美香は『女の子だけの学校のほうがいい！』って、女子校に憧れているみたいなんですけど、女子校に行かせちゃってもいいんですかね？」

「美香ちゃんの場合は女性ばかりの家庭環境ですから、可能なら、男の子にも接することができる共学のほうがおすすめですね。女子校に通い出したら、女の子

だけの世界に入り込んでしまって、現実の男の子との付き合いを遠ざけるようになってしまうかもしれないし……。女子だけの環境だと、奥手になったり、アイドルとかアニメとか、非現実的な世界の男の子にのめり込んでしまったりする女の子もいるんですよ」

「そういえば、私の友だちにもいましたね。男性に対する理想が高くて、少女マンガに出てくる王子様みたいな人を求めちゃう子。ハンサムでスタイルがよくて、勉強もできて運動神経もよくて、男子には一目おかれ、女子にはモテモテ。ちょっとぶっきらぼうだけどじつはやさしい……そんな人、現実にはいやしないのに、『こういう人が必ずいるはずだ』って思い込んでいるんですよ」

理想ばかりがふくらんで妄想に走ってしまう人は、意外と多いようです。前述しましたが、意識しすぎず、自然に異性にふれあうことが、幸せな恋愛・結婚への第一歩。特に、女系家族で、ふだん女性ばかりと接する環境の女の子には、男女共学をおすすめします。

けれど、最近カウンセリングで増えているのは、「男の子がすごく苦手」という女の子たちです。頭がよくて、心が細やかな子に多いのです。こういう子は、無理に共学に通わせると不登校になってしまいます。おとなしくて、内気で、繊細な子には、私立の女子校、しかもしつけが厳しく、品があって、全体に落ち着きのある学校を選んであげましょう。

子どもが興味を持ち始めたら、セックスの話をしよう

小学校高学年から中学2年生くらいになると、子どもは異性に対して、性的な興味を抱き始めるようになります。好きな男の子を意識し始め、話をしたり手をつなぎたいと思ったり、場合によっては、デートをしたりキスをしたいと感じる

ようになります。

最近では、中学生で初体験をすることもめずらしくなく、16～17歳でセックスを経験していないと学校によっては、友だちから「アンタまだ処女なの？」などと言われてしまうこともあるそうです。

でも、はっきり言って、中学生での初体験はよいこととは思えません。

初体験は、早くても高校生以上、できれば大学生くらいになってからが望ましいと思います。中学生で初体験をした女の子に聞くと、「男の人から強引に……」などと、性に否定的なイメージを抱いてしまう子が少なくないからです。

「セックスは幸せになるためにするものだ」ということを、きちんと子どもに理解させておくと、あせって、体験を急ぐようなことは避けられます。

「早くエッチをすませないとダサイ」「高校生でまだ処女なのはヘン」といった根拠のない噂に惑わされず、「セックスは思いを寄せ合った相手と愛情の交歓をする大切な行為」だということを、お子さんにしっかりと伝えてください。

お子さんとの間で、セックスに関することが話題にのぼったら、「まだ早い」と突っぱねたり、照れくさがってふざけたりせず、「セックスは興味本位でやるものではないこと」「好きでもない相手と遊びでするものではないこと」を、まじめに話してセックスの大切さを説明しましょう。

「正しいセックス」の常識を、具体的に教える

といっても、「セックスは興味や遊びですべきものではない」と大人がいくら言い聞かせたところで、する子はしてしまいます。「中学生での初体験は早すぎる」と教えても、好きな相手に求められれば、やはり応じたくなるものです。何が何でもセックスをしないようにさせるのは、不可能です。

そこで、親御さん方に、ぜひともお願いしたいことがあります。

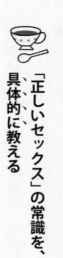

「セックスをするなら、必ずコンドームをつける」

ということを、お子さんにしっかりと教えてあげてほしいのです。

「そんなことを子どもに言ったら、セックスするようにしむけるだけじゃないか！　女の子の親がコンドームをすすめるなんて、もってのほかだ！」

とお怒りになる人もいるかもしれません。しかし現実には、中高生の多くが、避妊なしのセックスをして、妊娠しているのです。

コンドームについて教えるときは、「妊娠を避けるために」といった便宜的な教え方ではダメです。

「コンドームをつけるのは男性の愛の証しである」ということを、しっかりと具体的に伝えてください。

「彼があなたのことを本当に好きなら、必ずコンドームをつけてくれるはず。『つけると気持ちがよくない』とか『オレのことを愛していないのか』とか言って、コンドームをつけたがらない男の子もいると思うけど、そういう男の子は、じつはセックスだけが目当ての最低な人。お母さんは、そういう男性とセックスをするのは絶対によくないと思う。セックスは、好きな人と身も心もとけ合うすばらしい行為なの。だから、遊びや気まぐれじゃなく、あなたのことを心から大切に思っている相手を選んでほしいの……」

中高生のなかには、「コンドームをつけずにセックスをしても、外で出せば大丈夫」と思っている子が驚くほど多くいます。「ウチの子にかぎって……」と楽観せず、お子さんを守るために機会を見てぜひコンドームの話をしてあげてください。

また、子どもに正しい性の知識を身につけさせるには、家庭内で性の話題をタブー視しないことが大切です。両親が性に対してある程度フランクだと、子どもが性について心配なことが起きても相談してくれやすくなります。

女の子らしい、節度のある
オシャレをすすめよう

最近の小学生向けの少女雑誌には、「メイクレッスン」や「キスの仕方」など、大人顔負けの特集記事が当たり前のように掲載されています。「男の子にウケるモテコーデ」「彼を振り向かせるモテメイク」といった具合に、「異性にモテること」をあおるような風潮も、少なからず見受けられます。

このような風潮にのせられすぎると、「モテないのはダメな女の子だ」というかたよった価値観を強めるおそれもあります。

女の子は、自分をかわいらしく見せるために、流行のイケイケのファッションをしてみたり、フリフリのかわいいミニスカートをはきたがったりするものです。オシャレを自分で楽しむのはいいことですが、節度のある身だしなみをする

のも大切です。あまりにも露出がはげしかったり、目にあまるスタイルだと感じたりした場合は、

「好きな服を着るのはかまわないけれど、その服装はちょっと……。まわりの人にどんな目で見られるか、少し考えてごらん」

と、お母さんからさりげなく注意を促してあげるようにしてください。

オシャレ好きなお母さんのなかには、6～7歳のころから髪を染めさせたり、ピアスをさせたりする方もいます。オシャレをさせようとさせまいと、人それぞれ、自由です。しかし、カラーリングもピアスも、中学に入学すれば校則によって禁止されます。そうなったとき、先生や学校とトラブルを起こしたり、非行傾向のあるグループに誘われたりしないように、親として配慮しておく必要はあるでしょう。

女の子は、お父さんと似た人を好きになる

女の子の親御さんが、わが子の恋愛で何より気がかりなのは、「どんな男性を好きになるのか」ということではないでしょうか。

まじめでやさしい、性格のいい男子を好きになるだろうか。

口ばっかりのダメンズに、夢中になったりしないだろうか。

この不安に対する答えを解くカギは、お父さんにあります。女の子が好きになる男性の約6割は、お子さんにとって最も身近な男性＝「お父さん」に似た人であることが多いのです。特にこの傾向は顔やスタイルが「お母さん似」の女の子に強く、逆に、顔が「お父さん似」の女の子は、お父さんとはちょっと違うタイプを好きになるようです。

女の子は、お父さんがおだやかでやさしければ、「男の人はやさしいもの」と思うようになります。お父さんが無口で物静かなら「男の人はあまりしゃべらないもの」と思うようになります。このように、**お父さんの性格やふるまいは、女の子のなかに「男性とはこういうもの」という男性像をつくりあげていきます。**「最も身近な男性」であるお父さん似の男性に対して、女の子は安心感を抱くものなのです。

お父さんは、娘のために「いいオトコ」になろう！

女の子はお父さん似の人を好きになる。こういうと、「思春期の女の子は、お父さんってキタナイ、キライって言うのが当たり前では？」と思う方もおられると思います。

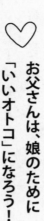

しかし、明治大学の女子学生を対象に調査したところ、小6から高2くらいまでの間に、お父さんを毛嫌いし反発していた女の子は約4割。6割の女の子は、一度もお父さんに反発したことがなく、「ずっと仲良し」だったし、「将来、お父さんのような人と結婚したい」と言うのです。

そうなると、娘さんがいい男性と付き合うようになるには、お父さん自身が「いい男」をキープすればいい、ということになりますよね。お父さん自身に、「恋愛や結婚をするならこんな人が理想的！」そんな男性になっていただきたいのです。

姉妹本『男の子の育て方』（ＰＨＰ文庫）のなかで、「男の子が女性や結婚に対していいイメージを抱けるようにするには、お母さん自身ができるだけオシャレを心がけ、いい女でいるようにしましょう」と言いました。女の子の場合も、これとまったく同じことが言えます。

女の子が男性や結婚に対していいイメージを抱けるようになるには、まずお父

さん自身がオシャレをしたり、身だしなみに気配りして、「カッコよくてイケてる人」になることが大事です。お子さんの友だちから、

「○○んちのパパ、カッコいいよね。いつもオシャレだし、さわやかだし」

「××ちゃんのお父さんって、なんだか知的で、頼りになりそうだよね」

とうらやましがられるような、そんなお父さんを目指して努力していただきたいと思います。

「俺……、そんなカッコよくないし……。はっきり言って不安……」

なんて弱音をはいている場合ではありません。お子さんの幸せのためにも、お父さん自身が「いい男」になれるようがんばってみてください。

「ウチのパパは、どうあがいても無理。努力する気もあまりなさそう……」

そんな場合は、お母さんがお父さんのよいところを探し出して、お子さんやお父さんがいる前で、さりげなく話すようにしてみましょう。

「お父さん、ふだんはそっけないけど、すごくやさしいんだよ」

こんなふうに、お子さんの前で、お父さんのステキなところをできるだけほめてあげてください。

それを聞いた女の子は「パパとママも捨てたもんじゃないんだな」と少しあたたかい気持ちになって、結婚に前向きなイメージを抱けるようになるはずです。

第4章

「思春期のグループ化」＝「女子の戦場」の乗り越え方

女の子が直面する「仲よしグループ」でのストレス

女の子が成長していく上で、乗り越えるべきもっとも大きな山の一つが、女の子同士の友だち付き合いのむずかしさです。

小学校3～4年生ごろになると、女の子は2～4人程度で、仲よしグループをつくるようになります。

しかし、この仲よしグループは、必ずしも居心地のよいものとはかぎりません。グループに所属し続けるには自分を消して仲間に合わせなくてはいけないからです。

仲間に合わせるためには、やりたくないことをやったり、イヤなことを言われてもガマンしなければならないこともあります。女の子にとって、仲よしグループに所属するのは、つらい試練なのです。

「ウチの礼奈、最近クラスでお友だちが増えてきたみたいなんですが、そのお友だちのなかに、ちょっとイジワルな子がいて戸惑っているようなんです」

と相談にいらしたのは、小学4年生の礼奈ちゃんのお母さん。礼奈ちゃんのお友だち関係が微妙に変化してきたと感じています。

「礼奈ちゃんがイジワルをされて困っている、ということですか？」

「いえ、イジワルをされているのは礼奈ではなく、1年生のころからずっと仲よしだった礼奈のお友だちの愛ちゃんなんです。今度遠足があって、女の子3～4人のグループでお弁当を食べようということになったのだけれど、グループのなかの番長格の女の子が、『礼奈は来てもいいけど、愛を連れてくるのはダメ。愛を連れてくるなら、礼奈も入れてあげない』と言うんです。礼奈は、みんなとお弁当を食べたいし、愛ちゃんを突き放せないしで、困っているみたいなんです。『ママ、どうすればいいの？』って」

「4年生くらいになると、こういうことがよく起こり始めるんですよね……」

「私、こう言ったんです。『みんなとお弁当を食べたい気持ちもわかるし、イジワルを言うのはよそうって言いにくい気持ちもよくわかる。だから、愛ちゃんを断って、みんなとお弁当を食べてもママは全然かまわないと思う。でもそのかわり、これをきっかけに、愛ちゃんとこれまでのように仲よくできなくなるかもしれないよ。愛ちゃんと仲よくできなくなってもかまわない？』って」

「わが子の気持ちに寄りそう」ことから始めよう

「礼奈ちゃん、板挟みになっちゃって、かわいそうですね。お母さんがおっしゃ

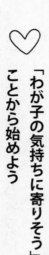

ることもっともですけど、まずは困ってしまっている礼奈ちゃんの立場に立って、いたわってあげるのが先です。『そんなことがあったんだ。それは大変だったね。そんなこと言われたら、困っちゃうよね。つらいね……』って。お母さんだって、似たような立場に立たされたら、『どうしよう〜』と悩んでしまうでしょう?」

「……そうですね。悩んで誰かに相談したときにはまず、『大変だったね……。つらいね』って言ってもらいたいですね」

「子どもも同じ気持ちなんですよ。『**こうしてみたら?』とアドバイスされるより、まずは自分の心細い気持ちに寄りそって、わかってほしいものなんです。**お母さんにわかってもらって元気が出れば、お子さん自身が自分で判断を下せるようになります。『イジワルはよくないことだ』って上から目線で教えるのでなく、お子さんが自分自身でどうすればいいか考えていくのを手伝うようなつもりでいいんです」

親御さんのなかには、お子さんがいじめや仲間はずれなどにあったとき、怒りまくる人もいます。**しかしまず親がすべきことは、お子さんのつらい気持ちを聞いて、寄りそうようにしていくことです。**

お子さんがつらい気持ちを打ち明けられるよう、親はあわてふためくことなく、落ち着いた態度でお子さんの話にていねいに耳を傾けていきましょう。

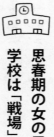

思春期の女の子にとって、学校は「戦場」

小学校高学年に入ると、子どもは親との関係よりも、同年代の友だちとの結びつきのほうが重要になってきます。

「友だちとお買い物に行きたい」などといった大人びた欲求が高まるのも、ちょうどこの時期から。楽しみやワクワク感を共有できる同世代の友だちは、思春期の女の子にとって、自分の世界を広げるかけがえのない存在なのです。

しかしその反面、友だちの存在は、自分をおさえてまわりに合わせなくては、というプレッシャーになります。このようなプレッシャーを「**ピア・プレッシャー（同調圧力）**」と言います。仲間同士の結びつきが強くなり、「まわりに合わせなくては」というピア・プレッシャーが強まれば、自分の気持ちを押し殺すことも多くなります。少し目立っただけで、仲間から白い目で見られ、仲間はずれにされてしまうことも少なくありません。

国立教育政策研究所の調査結果によると、小４から中学生の間に「いじめられたり、仲間はずれにあったり、いやがらせを受けた子ども」は、なんと９割にもなります。「ほぼすべての子どもはいじめや仲間はずしにあう」と思っていて間違いないのです。

たとえば、ある女の子が、お気に入りのかわいいリボンを髪に飾りたいと思ったとしましょう。でも友だちから「あのリボン何？　あの子、自分がかわいいと思ってるわけ？」と言われるのを怖れ、好きにオシャレもできないという子はたくさんいます。仲間の誰かがいじめられて気になったとしても、異を唱えるような発言をすれば、今度は自分自身がターゲットにされかねないから、だまって素知らぬフリをしているしかない。そんな子も少なくありません。罪悪感や不安にさいなまれながらも、子どもたちは「何とか自分の居場所を確保しよう」「仲間はずしにあわないようにしよう」と、必死にがんばっているのです。

最近では、「何となく気に入らないから仲間からはずす」「理由はとくにないけどシカト（無視）する」といった無差別ないじめや仲間はずしが横行し、学校はまるで「いつやられるともわからない戦場」のようです。女子同士のピア・プレッシャーは、目に見えない圧力となって、子どもたちにただならぬ緊張感を強いているのです。

また、9割の子どもがいじめや仲間はずしに合っていると考えれば「ウチの子は気が強いから大丈夫」「おとなしくて目立たないから平気」といった油断は禁物です。

「自分自身を消してまわりに合わせる。それによって、何とか自分の居場所を確保する」といった緊迫した状況にお子さんが常にさらされていることを、思春期の女の子の親御さん方は、わかってあげてください。

ＳＮＳでのいじめや仲間外しに要注意！

女の子同士のいじめのなかでも、最も陰湿でやっかいなのが、ＳＮＳを使った悪口や中傷です。特定の誰かを無視するように仲間うちにけしかけたり、匿名で悪口を回したりするほか、仲間で一人の子をはがいじめにし、携帯でその子の下着姿を撮って、クラス全員に画像を送るといった卑劣きわまりない例もあります。

「LINEで連絡が来たらすぐに返信しないと仲間はずれにされる」という強迫観念から、食事中も入浴中も携帯が手放せないという子どもも少なくありません。携帯電話は、24時間休む間もなく子どもを追いつめる、恐るべきいじめの道具にもなりうるのです。

また、会員登録のためと称して個人情報を登録させたり、見知らぬ相手と掲示板を通じてやりとりをするゲームサイト、占いサイトなども要注意です。子どもが集まる人気サイトに狙いをつけて、甘い言葉で誘惑をしかけてくる悪人が世の中にはゴマンといます。彼らにとって「だましやすい子ども」は恰好のターゲットなのです。

小学生の2～3割、中学生の約5～6割が自分の携帯電話を持っているといわれます。欲しがるからと安易に買い与えず、「何のために必要か」「本当に必要なのか」を、お子さんとよく話し合って決めましょう。

そして、もしも持たせるなら、

- 個人情報は絶対にもらさない
- 使用は何時まで
- 食事中や入浴中は携帯を使わない

といった約束事をお子さんと交わし、必ずフィルタリングをしてから与えるようにしてください。

先生を「頼れる味方」にするための「上手な付き合い方」

最近は、非常識な注文をつけて教師を困らせるモンスターペアレントをはじめ、「学校にクレームをつける」ことが当たり前のようになっていますが、ひと昔前は、「うちの子、遠足ですごくいい経験をしたみたいです。ありがとうございました」など、教師に感謝の気持ちを伝える親御さんも少なくありませんでした。教師は、クレームをつけられるどころか、保護者から感謝される立場にいたのです。

しかし近ごろは、たとえば遠足から戻ったら「先生、塾に遅刻しちゃうじゃないですか！」と文句をつけてくる人はいても、感謝を伝えてくる保護者は皆無に近い。これでは、教師は意欲を失ってしまいます。

学校で何かトラブルがあったとき、お子さんを守るためには学校の先生の協力が不可欠です。では、どうすれば、学校の先生方と上手にかかわることができるでしょうか。先生方をお子さんの「頼れる味方」にするには、どうすればいいのでしょうか。

そのためにはまず、学校の先生についてよく知ることが必要です。

そもそも、学校の先生になるのは、どんな人だと思いますか？
まず、必ず共通しているのは、次の2点です。

・教師や親からほめられて育ってきた
・まじめで勤勉

つまり教師は「ほめられたり、感謝されるとやる気を出すけれども、失敗したりクレームをつけられると意欲を失いがち」になるのです。
「先生」に対して、一番ダメな付き合い方は次の二つです。

×「あなたのせいだ」と責める
×何も言わずに従う

クレームをつけて責め立てるのも、逆に、相手は先生だからと言いたいことや心配ごとを我慢するのも、いざというときにお子さんを守れる付き合い方とは言えません。一番いいのは、

・ふだんから「先生、○○してくださって、ありがとうございます。子どもがとても喜んでいます」と感謝の言葉を伝える
・子どもの様子をこまめに連絡する（ただし長電話は禁物）
・行事などの折に「私たちにできることは何かありませんか？」と言葉がけをする
・何かしてほしいことがあったら「お願い口調」で「具体的に」お願いする

ふだんから「ありがとうございます」とさりげなく感謝の気持ちを伝えたり、「今、お忙しいですよね。何かお手伝いできることはありませんか？」と労をね

ぎらう言葉をかけることで、信頼関係をつくっておくのです。

また、「先生に相談をするのは、何か大きな問題が起きたときだけ」と考えて遠慮しすぎるのはよくありません。ふだんのちょっとした連絡の取り合いによって、問題を未然に防ぐことができるのです。

本当は気になることがあるのに「先生は忙しいから、この程度のことで相談するのは気が引ける」と思ってそのままにしてしまう人もいますが、それがかえってトラブルに発展する可能性もあります。「ささいなことだから」と遠慮されるより、その都度こまめに相談してもらったほうが、先生としても、情報を得ることができてありがたいはずです。先生との距離をできるだけ近くして、お子さんのことについて相談しやすい雰囲気をつくるようにしましょう。

♡ 落ち込んでいる子どもにどう対応していくか

小学6年生の香歩ちゃんは、転校した学校で友だちができず、「学校に行きたくない」と言い始めました。でも、香歩ちゃんのお母さんは、何とか学校に行ってほしいと思っています。

「転校してもう2カ月にもなるのに、ウチの香歩、まだお友だちができないんです。いつまでたってもくよくよして、学校に行きたくない、なんて言うんです」

「新しい環境になじめないでいるんですね。女の子同士のグループは結束が固いから、新参者をなかなか受け入れてくれないことがよくあるんですよ。学校の先生には相談してみましたか？」

「少しだけ相談してみました。でも、先生が言うには、学校では特に問題もなく、ふつうに過ごしているようだと。たしかにまだ、お友だちと仲よく楽しく……というわけではないけれど、もうしばらく様子を見ましょうって」

「お家では、学校のことをどんなふうに話していますか？」

「楽しくない、もとの学校に戻りたいって言っています。でも、そんなことできるわけがないんだから、早く新しい環境に慣れてもらわないと。もうすぐ12歳になるんだから、『学校に行きたくない』なんて甘ったれたことを言ってほしくないんです。だいたい、友だちなんて自分からすすんで声をかけないとつくれないものでしょう？　前の学校を懐かしがって、友だちをつくろうと努力しない香歩にも問題があるんですよ。『もっと前向きに考えなさい。そうしないといつまでたっても新しい学校になじめないよ』って言っているんですけどね」

悩んでいる子どもにかけてはいけない言葉

お友だちができなかったり、いじめられたり仲間はずしにされたりして落ち込んでいる子どもに、軽率な励ましの言葉は逆効果です。さらによくないのは、悩んでいる子どもに、「あなたにも問題があるんじゃないの」と責め立てていくことです。

特に次の3つは厳禁です。

①「あなたにも悪いところがあるでしょ」
②「そんなこと、あなたが気にしなければすむことじゃない」
③「あなたがもっと強くなればいいのよ」

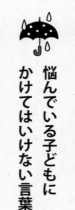

「自分を変えろ、気にするな、耐えろ」――こういった気持ちで乗り切れるほど、子どもたちの人間関係は甘いものではありません。

親としては、つらいだろうががんばって乗り越えてほしいと、子どもに期待をかけてしまうのかもしれませんが、悩みに直面している思春期の子どもにとって、それはあまりにも酷な注文です。親の身勝手と言わざるをえません。

私は香歩ちゃんのお母さんに次のようにアドバイスしました。

「お母さんのお気持ちもわからないではありませんが、思春期はたいへん微妙な年ごろです。大人びてきたように見えても、まだまだ不安定な部分が多いんです。『つらい。学校に行きたくない』とお子さんは必死に心の叫びを言葉にしています。**その気持ちを受け入れて、じっくり気持ちを聴いてあげてください**」

「受け入れる……って、そんなことをしたらますます甘えて、ひきこもったり不登校になったりする心配はないんですか？」

「お子さんは、限界までがんばっていたのに、それでも友だちができずに、すっかり疲れ果てています。心のエネルギーを使い果たして、倒れ込んでしまっている状態です。ここで無理をさせたら、さらに落ち込んで、本当に学校に行けなくなってしまう可能性もありますよ。今はとにかく、ゆっくり休んで、おいしいものを食べさせてください。そうすることで、心のエネルギーを充電してあげるんです。２カ月もの間ひとりぼっちだなんて、香歩ちゃん、きっとつらくて、ものすごく消耗していると思いますよ」

「登校拒否になるのを恐れるあまり、苦しんでいる子どもに追い打ちをかけていたんですね……」

もしもいじめが発覚したら

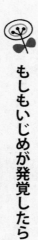

お子さんが学校に行きたがらないとか、いじめにあってつらい思いをしていることがわかった時には、何よりもまず、お子さんの気持ちをふんわりと抱きしめるような姿勢でこう言ってあげてください。

「お母さん（お父さん）はあなたの味方だよ」

お子さんがつらい状態にあるとき、何よりも必要なのは、ご両親が「心の安全基地」になってあげることです。「お母さん（お父さん）はあなたの味方よ」「守ってあげるからね。心配ないよ」こうした言葉をかけてあげて、話をじっくり聞き、お子さんの気持ちを受けとめていくことです。

「学校に行けない。つらい」と自分で話すお子さんは、本当は学校に行きたいし、行かなくてはいけないと思っている。それなのに学校に行けない。そんな自分が情けないと思っているものです。「学校に行かないほうが、ラクでいいや。

休んじゃおう♪」などと呑気に考えている子どもは、まずいないのです。

現在大学生のかずみさん（仮名）も、小学校6年生のときに、持ち物をかくされたりうわばきにいたずらをされるなどのいじめにあい、とてもつらい思いをしました。でも、そのことを知ったお母さんが、

「ひどいよね。あなたはこんなにいい子なのに。本当にこんなにいい子なのに……」

と言って泣きながらギューギュー抱きしめてくれたというのです。

そうしてもらえたことで、そのとき彼女は、

「あ、なんか私、大丈夫だな」

と思えたと言います。つらい気持ちを受けとめてくれるお母さんの存在は、「つらいけれど、なんとか立ち直りたい」という子どもの心の支えとなるのです。

学校でいじめにあったとき、お子さんは、

・親につらい気持ちを話せる子
・親に言えない子

の二つに分かれます。

これは、非常に大きな分かれ道となります。

思春期の女の子の子育てで一番大切なことは、何かつらいことがあったときに悩みを話したり弱音を打ち明けたりできる関係をつくっておくこと。このことほど大切なことはほかに一つもありません。

子どもが悩みやつらい気持ちを話してくれたときには、

「つらいことを打ち明けてくれてありがとう」

と伝えるのを忘れないでください。

「ありがとう」と言われると、子どもは悩みを打ち明けたことを肯定的にとらえられるようになります。「話してくれてありがとう」というお父さんとお母さんの言葉は、ダメージを受け傷ついたお子さんの心の自己肯定感を高めてくれるのです。

場合によっては、いじめや仲間はずれがあまりにもひどく、「このまま放っておいたら、子どもが自殺しかねない」ということもあるかもしれません。そんなときは、多少強引にでも学校を休ませて、ご実家など、少し離れた安全な場所にお子さんを避難させましょう。そのあとで、少しお子さんの気持ちが落ちついたところに、担任の先生に連絡をとって相談しましょう。

先生がどんな指導をするか心配な場合には、「クラスで指導される前に、どういう指導をされるか、お伝えいただけないでしょうか」と、お願いしておくのも一案です。

お子さんを守るためにも、保護者と先生とでがっちりタッグチームを組んでいきましょう。

友だちが一人もいなくても大丈夫

思春期の女の子にとって、友だちをつくり「仲よしグループ」に所属することは自分の居場所を確保する上で大きな意味を持っています。

しかし、だからといって、「友だちをつくれなければアウト」「友だちがいなければ楽しい学校生活は送れない」ということにはなりません。

ある中学生の女の子が、私にこんな相談をしてきたことがあります。

「先生、友だちってそんなに必要なものですか？　話が合わないのに無理に合わせて、笑いたくないのに無理に笑って……、私、もう気が狂っちゃいそうです……」

突き刺すような真剣なまなざしでそう語りかけてくる彼女に圧倒されながら、私はこう言いました。

「……必要じゃない……かもしれないね。……無理してつくった友だちなんて、友だちじゃないかもしれない。……一人でいるほうが充実した時間になるのなら、一人でいたほうがいいかもしれないね」

そう、**一人でいることも、友だちをつくらないことも、決しておかしなことではありません。**お子さんによっては、友だちといっしょにいるよりも、一人で本を読みふけったり、絵を描いたりしているほうが、ずっと充実した時間を過ごせるという場合があるのです。アインシュタインやカントなど、後に天才と呼ばれる人物には、子ども時代、ずっと一人で過ごしていた人も多く、何かに無我夢中で没頭する時間は、子どもの想像力やクリエイティブな能力を、飛躍的に高めてくれるのです。

中学生のとき、不登校になり、部屋にこもって大好きなマンガをひたすら書き続け、とうとうプロの漫画家になってしまった女の子もいます。プロの漫画家になった彼女は、晴れやかな笑顔で誇らしげに話し、不登校やひきこもりで悩んでいたときとはまるで別人のようでした。

彼女にとっての「一人の時間」は、「さみしくつらい孤独の時間」ではなく、創造性を豊かに育むかけがえのない「満ち足りた一人の時間」だったのです。

友だちとの関係に気をもんでいつもつらい気持ちでいるくらいなら、友だちを無理につくる必要はありません。

お子さんに友だちができず、何となく家でぽつんと過ごすことが多かったとしても、本人が楽しそうにしているのなら、心配する必要はありません。そのうち必ず、気の合う仲間を見つけられるから大丈夫です。友だちができるまで、「お母さんがお子さんの一番の友だち」でいてあげてください。

「やられたらやり返せ」はダメ

小学2年生のさゆりちゃんとちづるちゃんは、幼稚園時代から大の仲よしでしたが、最近、さゆりちゃんは「ちづるちゃんにヒドいことをされている」と言い始めています。さゆりちゃんのお母さん、少々気をもんでいるようです。

「親が見ているときには、二人仲よく遊んでいるんですけど、子どもだけになると、さゆりのほうがいろいろ言われちゃうみたいなんですよね。『アレ、とってきてよ』とか『さっさとやりなさいよ』って、命令されたりアゴで使われたり。遊ぶときも、ちづるちゃんのやりたいことばかりやらされて、さゆりがしたい遊びは却下されちゃうらしいんです。まあ、さゆりは『人任せ』みたいな部分もあるから、活発なちづるちゃんといると、ある意味ラクなのかもしれませんが」

「でも、『ヒドいことをされている』と言い始めているということは、ちづるちゃんといるのがラクでもない……ということですよね？」

「この前、遊びから家に帰って来たとたん、さゆりが『ワーッ』って号泣したんです。言われた内容よりも、その言い方にキズついちゃったみたいなんです」

「ちづるちゃんの物言いをかなりキツいと感じたんでしょうね」

「でも先生、言い方がキツいくらいで号泣するなんて、うちの子、精神的にヤワすぎるんじゃないでしょうか？　これから高学年になれば、いじめとか仲間はずれとか、もっとキツいことが待っているかもしれないでしょう？　やられたらやり返すくらいのタフさがないと、この先やっていけないんじゃないですか……」

親御さんのなかには、こんなふうに言う人もいます。

「思いやりだけで生きていけるほど世の中、甘くない。うちは『やられたらやり返せ！』と、子どもに教えています」

しかし、やられたらやり返せ！　と教えられれば、お子さんは「誰かに傷つけられたら、傷つけ返してもかまわない」「傷つけ返すことで、優越感を得るのはいいことだ」と学んでしまいます。これでは、世の中は、弱肉強食の社会になってしまいます。

「自分の気持ちをさわやかに伝える子ども」に育てて、イジメから守る

「『やられたらやり返す』のがよくないと言うなら、先生、ウチのさゆりみたいなのは、やられたらやられたまま、ガマンしているしかないんでしょうか？　イヤな目にあわされても、耐えるしかないと……」

「いいえ。やられるまま耐えてガマンしているなんて、決していいことではありません。イヤなことをされたら、はっきりと『いやだ』と言うべきです。『私はそういうことをされたくない』『今の言い方で私は傷ついた。だからやめてほしい』と、相手に伝えればいいんです」

「そういう言い方だと、やり返すことにはならないんですか？」

「やり返すというのは、相手を非難したり、責めたりすることですよね。『あな

たはヒドい！』という言い方をすれば、明らかに相手を責めていることになります。けれど、『私はこう感じた。だからこうしてほしい』という言い方なら、相手を責めていることにはなりません。『私は〜』を主語にした『わたしメッセージ』で落ち着いて気持ちを伝えれば、相手は『責められている』とか『やり返された』とはあまり感じないかもしれません」

「なるほど……**自分の気持ちを、相手を責めずに伝えることが、自分の身を守ることになるんですね。**ケンカしたりぶつかったりしたときって、強く出るかガマンするか、どちらかしかないと思っていたけれど、そんなやり方があったんですね」

私たちは、ふだんあまり意識せず、何気なく人と会話をしていますが、「自分の気持ちの表現のし方」には、大きく分けて3つのパターンがあります。

1　相手を責めて自分の考えを押し通す攻撃的な表現

相手を攻撃する。キレる。

2　自分をおさえて相手を優先する自己主張しない表現

とにかく耐え続ける。泣き寝入りする。

3　相手を大切にしながら自分の気持ちも伝えるアサーティブな表現

相手を否定せずに、自分の気持ちも伝えていく方法。ストレスをためることもなく、ケンカにもならずにすむ、最も好ましい気持ちの伝え方です。

3番目の方法、「アサーション」を身につけて、「自分はいじめを受けるような人間ではない」と、相手にきっぱり伝えることができるようになると、なんとなく周囲から一目おかれるような存在になります。

子どものころ、いませんでしたか？　いじめっ子でもいじめられっ子でもない、みんなから「なんとなく一目おかれている子」。いじめから守るために、わが子をぜひ「なんとなく一目おかれる子」に育てましょう。

次に、具体的な会話例をあげておきますので、ぜひ参考にしてみてください。

●貸したマンガを返してくれないとき

×「返してって言ってるじゃん！」と泣き叫びながら言う。（キレる）

×「○○ちゃん、まだ読みたいんだ……そう、わかった……」と泣き寝入り。（耐える）

○「あのマンガ、おもしろかったでしょ。でも、私もそろそろ読みたいから返してほしいの。悪いけど、明日持ってきてくれるかな」と、やわらかく、しかし毅然とした態度で言う。（アサーション）

●「あんたって、ブスだよね」と言われたとき

×「は？　ふざけんなよ。あんたのほうがずっとブスだよ。ブース！」（キレる）

×「えーー？　やっぱりぃ。ブスでーす」と笑いながら言う。（耐える）

○「……そういうこと言われると、イヤな気持ちになるから、言わないでほしいな」と、落ち着いた態度で言う。（アサーション）

お母さん自身が、アサーションのお手本を見せよう

娘さんにアサーションを教えるには、お母さん自身が、実際にアサーションをやって見せてあげることが一番です。たとえば、お子さんの前でお父さんとぶつかりそうになったとき、こんな会話をしてみるのです。

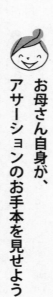

●夫が帰宅時間を連絡せずに深夜帰宅。つくった夕飯が無駄になったとき

・悪い例

ママ「なんで連絡くれないの！　いくら仕事でも、電話一本できたでしょ！　せっかくご飯つくったのに！　ほんとにムカつく！」と怒鳴る。

パパ「うるせえなあ。急な接待で疲れて帰ってきたのに、ギャーギャー言いやがって！」

・アサーティブな例

ママ「お帰り～。お疲れさま。今日、急に飲み会入っちゃったの？」

パパ「ごめん。連絡できずに、悪かったよ。部長が行くはずだった○○社の接待に、急に行くことになっちゃって……」

ママ「夕飯、あなたの好きなものだったから、食べてもらえなくて残念だったな。次からは、電話一本だけでもくれると嬉しいんだけどな」

パパ「そうだよね。ほんと、ごめんな」

いかがでしょう？　夫婦間のこんなやりとりを見ることで、お子さんも親御さんを通して、アサーティブなコミュニケーションを学んでいきます。日常の夫婦のやりとりを通じて、お子さんに「生きたアサーション」のお手本を見せてあげてほしいと思います。

アサーションでは、言葉だけでなく表情や口調も大事です。ふてくされたり、キツイ表情で話すのではなく、明るくおだやかに落ち着いて、そしてポジティブに語りかけるようにしましょう。

第5章

母娘の絆を深めるために

女の子は想像以上に「お母さんの期待に応えたい」と思っている

まだお子さんが幼い親御さんには、少し先のことになりますが、この章では思春期以降の母娘の関係についてふれていきます。

私は、中学生や高校生を対象に、講演をすることがあります。そのとき、特に偏差値の高い、優秀な女子校で生徒さんにしっかりお伝えするのが、

「お母さんを裏切ってもいいんだよ。期待に応えすぎなくっていいんだよ」

ということです。この一言で、泣き出してしまう女子生徒さんもいます。

男の子の子育てについて、「何を考えてるかわからない」「落ち着きがなくて、

全然言うことを聞かず、将来が本当に心配です」と悩みを相談されることはよくあります。

それに比べて、女の子のお母さんは、

「同性だからか、娘の気持ちはよくわかるんです」

「息子と比べて、娘は本当に育てやすくて、ラクです」

とおっしゃる方が多いようです。

じつは、そこに大きな落とし穴があるのです。

女の子は、最も身近である母親に対して、「愛されたい」「受け入れてもらいたい」と強く願っています。自分がしたくないことをさせられても、それでもなお女の子は「お母さんに愛されたい、お母さんに受け入れてもらいたい」とがんばってしまうものなのです。

ところが、そんな子どもの思いをつゆも知らず、さらに期待をかけるお母さんも少なくありません。私立中学2年生になる知美さんのお母さんも、そんな「子の心、親知らず」の一人です。

「娘が母親に愛されたいと思っているなんて、そんなのウソです。だって、ウチの知美は私に反抗してばかり。小学生まではおとなしくていい子だったのに、中学に入ったとたん、ロクに返事もしなくなって……。宿題はしないわ、お稽古事はサボるわ、おまけに口まで悪くなるわで、私が注意したら、『うるせんだよ、クソばばぁ！』って怒鳴るんです。こんな子に育てた覚えはないのに……」

「お嬢さん、まさに思春期まっただ中ですね。小学生まではいい子だったのに、中学に入って反抗し始めるのは、それほどめずらしいことではありませんよ」

「『クソばばぁ』って怒鳴られているのにですかっ！　あの子のせいで、最近家じゅうの空気が悪くて困っているんです。おにいちゃんの大学受験もあるっていうのに。ウチの正明ね、学校の先生から『東大も夢じゃない』って期待されているんですよ。お兄ちゃんは本当に優秀なのに、どうして妹のほうはこうもできが悪いのか……。成績もイマイチだし、顔もかわいくないし」

「お母さん、女の子に『かわいくない』だなんて禁句ですよ。そんなことを母親に言われたら、子どもはがっかりして生きていけなくなってしまう。知美さんが近ごろ荒れ出したのは、お母さんに気にかけてほしい、お兄ちゃんと同じくらい自分を愛してほしいというサインなのかもしれませんよ」

お母さんの「期待のかけすぎ」が女の子をつぶす

「先生は、私があの子を愛していないとお思いなんですか？　私だってね、あの子がかわいいんですよ。ピアノやバレエを習わせたり、かわいい洋服を買ってやったり、有名な塾に通わせたり……。どの女の子にも負けないように、一生懸命に愛情を注いできたんです。でも、あの子ときたら、何をやらせても失敗するし目立たないし、『何がなんでもがんばる』という根性もない。少しは親の期待に応えてほしいもんだわ」

「お母さんなりに、知美さんに愛情を注いできたんですね。知美さんもきっと、お母さんの愛情や期待に応えようと、これまで精一杯がんばってきたんだと思いますよ。小学生まではいい子だったというのが、何よりの証拠です」

「じゃあ、なぜ知美は突然、いい子から悪い子になってしまったんですか？」

「どれほどがんばってもお母さんの期待に応えられない。お母さんに喜んでもらえない。喜んでもらえるどころか、お兄ちゃんと比べられて、ダメな子だとがっかりされる。そんなことになったら、誰だってがんばる気力を失いますよね。言うことを聞かなくなったり、お母さんに暴言を吐いたりするのは、いくらがんばっても認めてくれないお母さんへの小さな反抗です」

「小さな反抗だなんて、私にとっては大ショックですよ。そもそも、親が子どもに期待をかけて何が悪いんですか？　親の期待が子どもを成長させることもあるでしょう？　期待に応えられない、だから反抗するって、何ですかそれ。冗談じゃない。私には理解できません」

「子どもに期待をかけるのは悪いことではありませんよ。期待されないのもつらいものですからね。

でもね、お母さん、子どもってね、親がわざわざ強い期待をかけなくても、『親の期待に応えたい、親を喜ばせたい』と思っているものなんですよ。だから、親が期待をかけすぎてしまうと、子どもにとっては成長どころか、かえってプレッシャーになってしまうんです。

子どもに必要なのは、期待ではなくて応援なんですよ」

「娘のため」＝「自分のため」になっていませんか？

「応援なんて、これまでにたくさんしてきましたよ。あの子のために、私がどれほどの時間とお金を使ってきたことか！　子どもに『これをしてほしかったのに』という思いをさせないようにと心を砕いてきたんです。この努力が応援でなくて、いったいなんだと言うんですか？」

「お母さんはとても責任感が強いんですね。それはすばらしいことだと思います。でも、お母さんのおっしゃる『あの子のために』は、本当に知美さんのためですか？　**もしかしてそれは、知美さんではなく『お母さん自身のために』ではないでしょうか？**

子どもに後悔をさせないためにというのは、知美さんの立場に立ってのことでしょうか？　そこのところを、今一度、考えてみてはいかがでしょう。今、知美さんにとって一番必要な応援とは何かを、いっしょに考えてみませんか？」

しばらく沈黙していたお母さんが、静かに話し始めました。

「……私の実家は貧しくて、洋服もロクに買ってもらえなかったし、進学もさせてもらえなかったんです。弟は進学させてもらえたのに、『女に学はいらない』と突き放されて、すごく悔しかった。だから、知美にはそんな思いをさせたくない、『親がこうしてくれなかったせいで』という後悔をさせたくないと思って、必死にやってきたんです。親がしてやれる一番の応援は、お金と時間を惜しまず、努力する子どもを陰ながら支えてやること……ちがうんですか？」

「お母さん自身のことをふり返ってみましょう。一番つらかったのは進学できなかったことではなくて、弟を優先されて『女に学はいらない』と突き放されたことではないでしょうか？」

「……私は、自分がしてほしかった願望を、知美に押しつけていただけだったんでしょうか？　あの子のためによかれと思ってしてきたのに、私のこれまでの努力はなんだったんでしょう？　あの子は私のことを『クソばばぁ』と罵って、ものすごくきらっています。もう、手おくれなんでしょうか？」

「心配しなくても大丈夫です。まだ間に合いますよ。口では何を言っていても、子どもは心の底では『お母さん、大好き！』って思ってくれていますから。世の中に『子どもを愛せない親』はいても、『親を愛せない子ども』は一人もいないんです」

母親は娘を「自分の一部」と思い込みがちなもの

このお母さんのように、「自分がしてもらえなかったことを娘にしてやりたい」と考える母親は少なくありません。

「結婚しても仕事を続けたかったのに続けられなかった」という人は娘に仕事を続けさせたいと考えますし、「親が忙しくてあまりかまってもらえなかった」という人は子どもといる時間を積極的につくろうと考えます。

母親は自分の親、特に母親にしてもらえなかったことを、娘にしてあげたいと考えがちです。「○○をしてもらえなかった自分は不幸だった。だから○○をしてやれば、娘を幸せにしてやれるはずだ」と考えるのです。

しかし、自分が手に入れられなかったものを与えてやるのが、子どものためになるとはかぎりません。子どもは母親とは別の人格です。子どもによって、必要とするものはそれぞれ異なります。

親がすべき努力は、「その子が自分でしたいと思ってがんばるのを支えること」であって、「自分がしてもらえなかったことを与えてやること」ではないのです。

「そんなことはない。自分が必要としていたものは、子どもにとっても必要なはずだ」と思う人もいるかもしれません。しかし、その思い込みは、子どもを自分の一部、あるいは自分のコピーだと考えているからにほかなりません。自分と子どもを同一視するあまり、自分の気持ちを娘に対して投影してしまっているのです。

「母親の期待に応えたい」と思う娘にとって、母親の思いは重荷以外のなにものでもありません。娘のためを思うのなら、かなえられなかった自分の願望ではなく、娘自身が望んでいるものは何かを考えるべきなのです。

親がよかれと思うことを、娘にすすめるのがまちがっているというわけではありません。親の信念や願いに基づいて、「こうしなさい」「ダメなものはダメよ」とアドバイスを与えることも、時には必要です。

しかし、信念や願いによるアドバイスと、自分ができなかった夢を子どもに託す自己投影とを、混ぜこぜにしてはいけません。母親がすべきことは、ありのままの娘を応援し、支え、見守ってやることなのです。

お母さんは、「自分の母親との関係」を見直してみて

「親にしてもらえなかったことを、娘にしてやろう」と考える反面、「親にされたことを、そっくりそのまま娘にしてしまう」ということも、母親と娘の間ではありがちなことです。

知美さんのお母さんは知美さんのことを「頭も悪いし、顔もかわいくない」と言っていましたが、じつは、これはお母さん自身が、自分の母親からしょっちゅう言われていたことだったといいます。

「『おまえは色黒で器量も悪い。賢いだけが唯一の取り柄だ』って、母親からいつも言われていました。だから私、いっしょうけんめい勉強してもっと賢くなろ

うとがんばったんです。でも、その挙げ句が『女に学はいらない。進学はあきらめろ』ですよ……。この言葉には、私、心底絶望しました」

娘に面と向かって「器量が悪い」はあまりにひどい言葉です。しかし、知美さんのお母さんは、自分も母親からしょっちゅうそう言われ続けていたために、そうした言葉を使うことに慣れっこになってしまっていたのです。

「母から『器量が悪い』と言われて、本当は言葉を失うほど傷ついてました。でも、あまりにふつうに言われていたので、いつの間にか慣れてしまって、この言葉のひどさに鈍感になってしまっていたんだと思います。

だから、知美にもふつうに言ってしまっていたんです。『不器量なんだから、せめて愛想よくふるまいなさい』って。

時折、『私って、親としてひどいことを言っている』と感じないでもありませんでした。でも、『私だって言われていたんだから、娘には何を言ったたってかまわないんだ』と思ってしまって……」

こうした母娘世代間の連鎖は、どの母娘にも起きることです。決して特殊なことではありません。母と娘とつなぐ絆は、愛憎もつれ合って、お互いを傷つけてしまうこともあるのです。

しかし、たとえ母娘と言えども、相手を傷つけていいはずがありません。『娘には何を言ってもかまわない』などということもありません。

みなさんも、自分の母親との間で、このようなことはありませんか？ 母親にされていたイヤなことを、娘に対してもしてしまってはいませんか？ 心当たりがないかどうか、自分と母親との関係を、冷静に見つめ直してみてください。

そしてどうか、娘さんにしてあげるのは、自分の母親からもらった「よいこと」だけにしてください。自分の母親からされたひどい仕打ち、「イヤなこと」や「ひどいこと」を娘さんに繰り返すのはやめにしましょう。不幸の連鎖をご自分の代で、勇気を出して断ち切ってください。

娘を「カウンセラー代わり」にするのはやめにしよう

子どもを頼りにしたり、支えにしたりすることは悪いことではありません。しかし、度が過ぎて、娘さんを「カウンセラー代わり」にしてしまっているお母さんをよく見かけます。

小学5年生の真紀さんのお母さんは、「いい子」であるはずの真紀さんが最近学校で問題を起こしがちになり、担任の先生から注意を受けたと悩んでいます。

「ちょっとしたことで、担任の先生につっかかったりしているらしいんです。でも、家では特に問題もなく、いつもと変わらずいい子にしてくれています。私の言うこともよくきいてくれるし、お手伝いもすすんでしてくれるのに……」

「お家ではいい子にしている真紀さんが、学校に行ったとたん、わけもなく暴れん坊になるとは考えにくいですよね。必ず何か理由があると思うんですが、お母さん、お心当たりはありませんか？」

「……じつを言うと、ちょっと申し上げにくいんですが、主人がリストラで職を失いまして、精神的にも経済的にもかなり不安定な状況にあるんです。真紀には塾や習い事をやめてもらったり、私がパートに出ている間に家のことをしてもらっています……。真紀が荒れているのは、きっとそのせいですよね。塾や習い事をやめさせられたうえに家事までさせられて、真紀はきっとがっかりしているんだわ。主人がしっかりしていれば、こんなことにはならなかったのに……」

「この不況ですからね。リストラにあったご家庭は、本当に大変だと思います……。塾や習い事をやめさせられて、お家のお手伝いをさせられている。そのために真紀さんが荒れてきたと思っておられるんですね……」

「でも、真紀はいい子なので、イヤな顔ひとつせず、イキイキと楽しそうにお手伝いをしてくれています。『お母さんの役に立てるなら、塾なんかやめたってかまわない』って。あの子、本当によくできた子なんです。落ち込んでいるお父さんを励ましたり、私のつまらないグチをきいてくれたりもして……」

「グチ、というと?」

「ウチの主人、モサッとしていて、全然甲斐性がないんですよ。リストラされたのも、きっと本人にやる気がないせいなんです。職探しもロクにしないで、夜になるとお酒ばかり飲んで……。真紀の将来がダメになったらどうしてくれるのかしら。昔はあんな人じゃなかったのに……。あ、スミマセン、真紀のことで相談に来ているのに、主人のグチなんかお聞かせしてしまって」

「とんでもない。グチを聞くのもカウンセラーの仕事ですから。言いたいだけ言ってくださってかまいませんよ……。そのほうが、真紀さんのためにもいいかもしれませんね」

「え？　私が先生にグチを言うと、真紀のためになるんですか？　それって、いったいどういうことですか？」

子どもを放任すると、「愛情飢餓」から問題行動を起こす

「女の子はとてもお母さん思いで、『お母さんの役に立ちたい』『お母さんを助けたい』と必死に思うものなんです。お母さんのグチを聞かせられるのは、本当はつらい、つらくてたまらない。けれども、お母さんが大好きだから、お母さんを否定したくないから、『グチをやめて』とは言えないでいるんです。

真紀さんの場合、そのストレスが、学校での問題行動としてあらわれているの

かもしれません……。お母さんが真紀さんではなく、私のようなカウンセラーにグチを言うことができれば、真紀さんの心も軽くなっていくかもしれません。ここでグチを話して気持ちが軽くなれば、家に帰って真紀さんにグチを聞かせずにすむでしょう?」

「……考えてみれば私、グチだけじゃなく、『お金がなくて生きる気力もない』とか『このままだと一家全員でのたれ死にするしかない』とか、真紀にうしろ向きなセリフばかり聞かせていました。真紀が『お母さん、あのね……』と学校のことを話そうとしても、忙しいから、疲れているからと言い訳をして、満足に話も聴いてやれていなかった気がします……」

「真紀さんが学校で荒れていたのは、『もっと私のことをかまってほしい』というサインだったのかもしれませんね……。お母さんに真紀さんをかまう余裕がなくなったために、真紀さんは『愛情飢餓』状態に陥ってしまっていたんです。ただ、飢餓状態を治すには、お母さんの愛情をたっぷりと補充するのが一番です。

お母さんががんばりすぎてしまうのもよくありませんから、担任の先生にもお家の事情を話して、真紀さんのサポートに協力していただいてはいかがでしょう」

「わかりました。真紀のためにも担任の先生に相談してみます。今日は相談に来て本当によかった。ありがとうございます。

諸富先生のほうが、主人よりずっと頼りになるわ。まったく、ウチのだんなは……」

「ハイハイ、何でもどうぞ。いくらでも聞きますよ」

「娘と張り合う」「娘に嫉妬する」に要注意！

娘と張り合ったり、自分と比べて嫉妬したりしてしまう母親もいます。

「私の子どものころのほうが、あなたよりずっと優秀だったわよ」

「その程度で大喜びするなんて、レベルが低いわね」

こんなふうな母親は、自分に自信がなく、自分の人生を楽しく生きることができていない場合がほとんどです。

「私の人生には、本当はやりたいことがあったのにできなかった」「自分には何の能力もない」といった不満やコンプレックスを自分自身に抱えているために、娘を認めることができず、逆に嫉妬して足を引っ張ってしまうのです。

母親にひどく嫉妬された娘は、「私は幸せになってはいけないのだ」と感じるようになります。母より幸せになることに、罪悪感をおぼえるようになるのです。親にとっては「ただの八つ当たり」でも、娘にとっては、人生全体を否定され、心の傷になりかねないのです。

「自分は娘に負けている」「娘のほうが幸せそうで悔しい」

そんな嫉妬のエネルギーを、お嬢さんに向けないようにしましょう。

「理想の母親像」にとらわれなくていい

中学2年生の若菜さんのお母さんは、思春期に入って生じはじめた若菜さんのさまざまな変化についてゆけず、イライラした毎日を送っています。

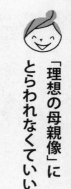

「反抗期にうるさいことを言い過ぎるのはよくないって、わかってはいるんですけれど、若菜ったら、友だちとアイドルグループのコンサートに行くんだなんて言い出して……。コンサートって夜なんですよ。しかも、どんな人が集まるのかもわからないじゃないですか。コンサート会場で悪い男にひっかかって、乱暴なんかされたりしたらと思うと、気が気でなくて……」

「私にも中学生の娘がいますから、お母さんの心配するお気持ち、よくわかります。でも、若菜ちゃんの気持ちを聴いてあげるのも大切なことですよ。もう14歳ですからね。あまり心配しすぎないで、明るくドーンとかまえてみられては……」

「ドーンとかまえるなんて、心配性の私にはできません！　そもそも母親は父親とちがって、細かいことが気になるものなんです！　主人にも『おまえは小言を言いすぎる。少しは若菜の気持ちも理解して、おおらかに接してやれ』って言われましたけど、私はおおらかにも寛大にもなれない、心配性で心のせまい母親なんですっ」

「……まあまあ、お母さん、落ち着いて……。お母さんが心のせまい母親だなんて、そんなふうに思ってはいませんよ」

「でも、よく言うでしょう？　おおらかで心が広くて、何があっても動じないのがいい母親だって。母親たるもの、怒ったり騒いだりせず、子どもをあたたかく見守ってやらなくてはいけない。どの『子育ての本』にもそう書いてあるけれど、私には無理です。そんなできた人間にはなれそうもありません……」

「母親なら、誰だって心配したり気をもんだりするものですよ。考えなくてもいいようなことを、あれこれ考えてしまうのがふつうなんです。

でも、**思春期の子どもは、親の手を離れてどんどん成長していくものですから、いちいち心配していたら、お母さんの身が持ちませんよ。だから、ちょっとだけ力を抜いてみられてもいいんじゃないでしょうか**」

「え……、力を抜くって……。そんなことして、いいんですか？」

「もちろん『帰る時間を守る』とか、『危険な場所には出入りしない』とか、そうしたお子さんの安全を守るための、最低限のルールを決める必要はあります。

でも、『かわいい子には旅をさせよ』って言うでしょう？

もう少し、お子さんの気持ちを理解して、少しだけ冒険させてあげてもいいかもしれませんね。子どもはそうやって、少しずつ大人になっていくものですから」

お母さん自身の「イライラやカリカリ」との上手な付き合い方

子育てが思いどおりにいかないと、誰だってイライラするものです。自己嫌悪に陥ったり、自分を情けなく感じたりすることも少なくはないはずです。

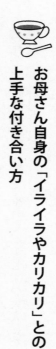

子どもの思わぬ行動に、落ち着きを失って騒いでしまう。いくら教えてもできない子どもに、思わず怒ってしまう。自立しつつある子どもに、ハラハラと心配ばかりしてしまう。子育てとは、親自身、そんなふうに揺れながら、子どもの成長を見守っていくプロセスなのかもしれません。**特に女の子の場合、小学生くらいまでは育てやすいので、思春期になって突然訪れる出来事に、とまどう親御さんも多いのです。**

お母さんのほうも、思春期の子どもと接しているとイライラやストレスがたまります。イライラやストレスをお子さんにぶつけてしまわないよう「バーン！」と吐き出してしまう必要があります。どのように吐き出せばよいか、具体的な方法をアドバイスしましょう。

・ぬいぐるみを用意して、パンチ！　する
・「ワーッ」と大きな声を出してから、紙をちぎる
・一人でカラオケに行って、30分で5曲くらい歌いまくる

いかがでしょう？　たまったイライラを、思う存分吐き出せそうな気がしませんか？　このような方法で、自分のイライラをおさめることを「アンガーマネジメント」と言います。まず、これをお母さん自身でやってみましょう。そしてお子さんがイライラ、カリカリしている時には、お子さんと一緒にやってみるのをおすすめします。思いっきりストレスを発散させてあげてください。

もし、お母さん自身のイライラやカリカリが高まってしまい、「このままでは子どもに手をあげてしまいそう」「カーッとなって子どもにひどいことを言ってしまいそう」――そんなふうに感じたら、**お母さん一人でトイレに逃げ込んで10分ほど閉じこもり、ゆっくりと深呼吸するのもおすすめです。**ご自分の怒りがバクハツする前に、「怒り」から避難することで、お子さんを守ってあげるのです。

アロマオイルを携帯して、香りによってイライラを鎮める方法もあります。私のおすすめはミント系のアロマスティック。教授会なんかでイライラしているとき、トイレでスーッと吸うと、すぐに気分が落ち着きます。

携帯電話や持ち物チェックは厳禁！

思春期の女の子をもつお母さんのなかには、子どもを心配するあまり、机の引き出しやかばんの中をのぞいたり、携帯電話をチェックしてしまう人もいます。**しかし、これだけはぜったいダメ！　このようなプライバシーの侵害をきっかけに、母子の信頼関係はガラガラと音を立てて崩れてしまいます。**

先ほどの若菜さんのお母さんも、携帯電話でのやりとりを気にしています。

「ウチは共働きで、家に帰るのが遅くなることもあるので、小学5年生のときから若菜に携帯電話を持たせているんです。でも、中学生になってから、お友だちとのメールのやりとりが増えていて、ちょっと気になっているんですよね。子どもにバレないように注意すれば、携帯をチェックしても大丈夫ですよね？」

「ダメです！（キッパリ）子どもは感づくものです。思春期の女の子は、親にプライベートをのぞかれることにとても敏感なんです。携帯電話をチェックされているると知ったら、取り返しがつかないくらいお母さんに強い不信感を抱きますよ」

「う〜ん、でも、学校でいじめにあっていないか、子どもがどんなことを考えているのか、やっぱり気になるんですよね」

「メールやかばんのなかをチェックしたりすると、たとえいじめられていたとしても、親への反発から、よけいに口を閉ざしてしまいます。今よりもっと何も言ってくれなくなります。メールのチェックが原因で親子関係がこわれて、売春や万引きなどの非行に走ったり、不登校になってしまう子は少なくありません」

「ええっ⁉ ば、売春……、万引き……、不登校……、たかが携帯チェックで、そんなタイヘンなことになってしまうんですか……」

「そうです。それくらいイヤなことなんです。ケータイチェック、カバンチェック、メールチェックはゼッタイダメ‼ ですね」

「別に」「それで」しか言わない子どもとの会話は「場所」を変える

「でも先生、最近の若菜は自分のことをちっとも話してくれないんです。小学生のころはぺちゃくちゃといろいろと話してくれたのに、中学生になってからというもの、私が何を聞いても『ふつう』とか『別に』『それで……』とか、そっけない受け答えばかりです。コンサートのことも、『友だちと行ってくるから』の一点張りで、私が何か言おうとしても、口をはさむスキを与えてくれないんですよ」

「そんなときはですね、若菜さんと外に出かけてみてください。

リビングや食卓で話しかけても、『またうるさいことを言われる』と思って聞く耳をもってくれません。会話のきっかけをつかむために、若菜さんと楽しい場所に外出してください。ファミレスとかカフェなど、若菜さんが好きな場所に行って、おいしいものを食べながら、そこで話を切り出すんです。**『場所を変える』だけで、コミュニケーションはずっとうまくいきやすくなるんですよ**」

「なるほど。レストランやカフェなら、おいしいものを食べながらリラックスして話ができますもんね。でも、本題に入ったとたん、また話を聞かなくなったりしませんか?」

「**大切なことであればあるほど、ガミガミとしたお説教口調はゼッタイダメ!です。**『ねえ、若菜。コンサートのことなんだけれど、お母さんとしては9時30分までに帰ってきてくれると、安心できてうれしいんだけどな』。こんなふうに、お願い口調で楽しい雰囲気で話してみるんです。『こうしなさい』と命令されると、人間誰でも反発したくなって言うことを聞きたくなくなります。けれど、お願い口調で具体的なことを頼まれると、『それなら、考えてみようかな』という気持ちになるものです。このやり方で、反抗期のお子さんが心を開いてくれた例はいくつもありますよ」

「へぇ、そうなんですか。やってみようかな」

「上から目線」をやめて、「同じ目線」になろう

関係が悪くなった場所で、関係は改善しない。

これは心理学の基本的な法則です。大切な話をするときには、いつもと場所を変えるのは、非常に有効な方法なのです。

「大切な話は、子どもとおいしいものを食べながら、具体的にお願い口調で話をするのが一番」と言いました。

「親が子どもにへりくだるなんてよくない。そんなふうに下手《したて》に出れば、子どもをますますつけあがらせるだけだ！」

と思う人もいるかもしれません。

しかし、思春期の子どもが親の言うことを聞き入れたがらないのは、親のそうした「上から目線」を嫌うからです。「ビシッと言って聞かせないと、子どもを甘やかすことになる」と考える親御さんも少なくないと思いますが、その姿勢そのものに、お子さんは反発し、口を閉ざし始めます。思春期の子どもと話をするには、「言って聞かせてやる」という「上から目線」をあらためて、お子さんと「同じ目線」に立って、子どもを尊重する態度を示すことが大切なのです。

思春期の子どもは、

「自分の気持ちを尊重してほしい」

「命令するのはやめてほしい」

という気持ちが強いのです。ご機嫌をとる必要はありませんが、お子さんに

「これまでのような上から目線はやめて、あなたの気持ちを理解するつもりだよ」
という親の姿勢を伝えることは大きな意味があります。

「笑顔ばかりの家庭」ではなく、「何でも言える家庭」をつくろう

「先生、聞いてください！　私、若菜とファミレスで話をしました。『新作スイーツが出たから、食べに行こう』って誘ったら、いっしょについてきてくれて。先生にアドバイスいただいたように、上から目線にならないよう気をつけながら話してみました。『コンサートに行ってもいいわよ。でも、帰る時間はちゃんと守ってね。知らない男の人に声をかけられても、絶対について行ったりしないでね。コワい目にあったりしないか、お母さん、心配なの』って」

「お、なかなかいいですね！　若菜さんの反応はいかがでしたか？」

「それが、意外なほどあっさりしていて。『わかった。帰る時間はちゃんと守る。心配させるようなこともしないから、安心しなよ』って。コンサートのアイドルの話もたくさんしてくれたんですよ。最近流行っているゲームのことなんかも……。若菜、すごく楽しそうに話をしてくれて、私、本当にうれしかった」

「お母さんの真剣な思いがちゃんと伝わったんですね。若菜さんもきっと、『自分はお母さんに大事に思われているんだ』って喜んでいますよ。

中学生、高校生くらいのときは、大人になりつつあると言っても、まだまだ子どもの部分がありますから、『お母さんお父さんから大切にされている、守られている』という安心感を与えてもらえると、お子さんはすごくうれしいものなんです」

「でも先生、あの子ったらね、私が『これからはガミガミ命令するようなことを言わないように、お母さんも気をつけるわ』って言ったら、『お母さんのガミガミなんて、痛くもかゆくもないよ。だってお母さん、そそっかしくて失敗ばかりで、いつもお父さんに注意されてばっかじゃん』ですって……。ちょっと悔しかったんですが、その通りなのでひと言も言い返せなかった（泣）。娘にバカにされないよう、もっとしっかりした母親にならなきゃいけないですね」

「とんでもない。いいんですよ、それで。ふだんはいばっていながらも、ポカをやるたびお父さんに叱られて、シュンとなるお母さん……家のなかに、そういう『ちょっと間の抜けた、おバカな雰囲気』があったほうが、お子さんも言いたいことを言いやすくなります。お子さんのことを知りたいと思うのなら、携帯メールのチェックなんかするよりも、お子さんが何でも言える雰囲気、お子さんにつらいことが起こったときに、いつでも悩みを打ち明けられる雰囲気を、家庭のなかにつくっておくことが大切なんです」

「弱音をはきやすい雰囲気が大切……ですか……。私、必死にやるわりにはいつもドジばかりで、主人から『ウチのドジ子さん』と呼ばれ、若菜にもからかわれ、母親のメンツ丸つぶれだって焦っていたんです。でも、こんなんでいいんですか？　私、ドジ子のままでいいんですかね？」

「そのままで最高ですよ。いろんなドジをふみながら、お子さんの話をていねいに聴いて、『ごめんね』『ありがとう』『お願いね』と言える……そんなお母さんが最高です」

「ケンカ一つしない、笑顔ばかりの上品な家庭」がいい家庭だと思っておられる方もいるかもしれません。いわゆる「品格のある家庭」です。しかし、そんな「非の打ちどころのない家庭」だと、子どもはかえって言いたいことも言えなくなってしまいます。

私のところにイジメの相談にきた、ある女子中学生が言ったひと言が、忘れられません。つらい体験を打ち明けた彼女に、「それはつらかったね……。お母さんやお父さんには言った？」とたずねると、彼女は、

「先生、それはできません。うちは**笑顔ばかりの**本当にいい家庭なんです。私の

イジメの話なんか打ち明けたら、あの明るい雰囲気が壊れてしまう。そう思うと、とてもいじめられていることなんて、言えません……」

「明るい家庭」はもちろんいいことです。でも、それ以上に大事なのは、子どもが「何でも言える家庭」「悩みを打ち明けたり、弱音を吐くことのできる家庭」にすること。「笑顔しか出ない家庭」ではなく、「何でも言える家庭」「つらいときはつらいと言える家庭」をつくることです。

みなさんのご家庭は、「弱音を吐ける家庭」になっていますか？

品格はあるけれど「笑顔しか出せない家庭」になってしまっていませんか？

うわべだけの「仲よし家族」はやめましょう。子どもを健やかに育てるのは、「誰もがうらやむ理想的な品格ある家庭」ではなく、「つらいときはつらいと言える、何を言っても受けとってもらえる、あたたかい器のような家庭」なのです。

1日5分、「夫婦で弱音を聴き合う」

「弱音を吐ける家庭」にするには、どうしたらいいでしょう。

お子さんに「あなた、何でもいいなさいよ！ 弱音を吐きなさいよ！ いい？ わかった？ 返事は？」などと迫っても仕方ありません。

「弱音を聴き合える家庭」をつくるには、ご夫婦でそのモデルをお子さんに見せるのが一番です。

「今日、会社で部長がやたら厳しくってさ……。何だかイヤになっちゃった……」

「そんなことがあったんだ。それはつらいね～。お疲れ～」

こんな感じで、1日に5分だけでいいので、お子さんの前でご夫婦で弱音やグチを聴き合うのです。

解決策を具体的に話し合うのではありません。ただお互いに「それは大変だったね～。つらかったね～」と聴き合うだけでかまいません。

だらだらと長時間にわたってグチるのではなく、ほんの5分でいいので、

「うちは弱音を吐いたり、悩みを吐き出していい家庭なんだよ」

というモデルをご夫婦で見せてみてください。

第6章

「幸せな人生を送れる女性」を目指して

子育てのゴールは？

これまで、女の子の子育てについて、しつけのポイント、学力アップの方法、さまざまな悩みの乗り越え方についてお話ししてきました。

ここで改めて考えていただきたいことがあります。

いま、みなさんが必死で取り組んでおられる「子育て」。その目的は、ゴールはいったいなんでしょう。

よい学校に入ることでしょうか。経済的に自立することでしょうか。考え方は人それぞれですが、多くの親御さんの本音は一つだと思います。

お嬢さんが将来「幸せな人生」を送ることができる人間になること。

これ以上に大事なことは何もないはずです。

最終章では、大切なお嬢さんが「幸せな人生を送れる大人」になっていくために、特に注意していただきたいことをお話ししておきたいと思います。

与えすぎていませんか

こんな相談をしてきた女子中学生がいます。

「先生、私、来週誕生日なんです。母が『欲しいものは何でも買ってあげる。どこでも行きたいところに連れていってあげる』と言ってくれるんですが、私、欲しいものも何もないし、行きたいところもないんです。でも、『欲しいものもないし行きたいところもない』なんて言ったら、母はきっと悲しんでしまうでしょう？　母を悲しませないためには、なんて言えばいいんでしょう？」

彼女はおそらく、自分が「これが欲しい」と言う前に親から欲しいものを与えられ、自分で「ここに行きたい」と言う前に親が先回りして行きたい場所に連れて行かれ……という子育てをされてきたのでしょう。**親に先回りして与えられすぎてしまったため、自分が何が欲しいのか、何をしたいのかわからない子どもになってしまったのです。**

しかし、これは彼女にかぎったことではありません。こうした「欲がない」「何も欲しがらない」子どもが増えているのです。

私たちが子どものころは、欲しいとねだってもなかなか買ってもらえない、行きたいとダダをこねてもなかなか連れて行ってもらえないのがふつうでした。けれども、今は「すぐに買ってもらえる、すぐに連れて行ってもらえる」のがふつうになっています。

何でも与えられすぎたために、子どもたちは「自分は何が欲しくて、何がしたいのか」がわからなくなってしまっています。そのせいで、生きていく力、生命力そのものが低下しつつあるのです。これは、決していいこととは言えません。

「欲」という言葉には、あまりいいイメージがありません。欲しがらないのはいいこととみなされがちです。**しかし、欲がないことは、何かに向かって必死に努力する心のエネルギーがないということでもあります。**欲は、人間の生きる原動力でもあるのです。

「女の子には、そんなにガツガツした欲は必要ないのでは？」
と思うかもしれません。しかし、女の子にも、「幸せに向かってがんばるゾ！」という欲が必要です。欲を出さなければ、幸せをつかみとることはできません。

子どもが「本当に欲しがる」ものだけを与えよう

「でも、私が買い与えすぎないように注意しても、おじいちゃん、おばあちゃんが、どんどん買ってあげてしまうんです」

そんな不満を感じる親御さんも少なくないかもしれません。でも、同居でもしていないかぎり、祖父母からの贈り物は「特別なプレゼント」だと子どもはちゃんとわかっているので大丈夫。

注意しなければならないのは、両親や同居しているおじいちゃん、おばあちゃんから日常的にモノを与えられすぎることなのです。

子どもに何か買ってあげるときの原則は、次の二つです。

①本当に欲しがっているものだけを与える

②誕生日など特別な記念日にだけ買い与える

子どもは、目新しいものを見つけてはすぐに「いいな」「欲しいな」と言います。しかし、目先だけで「欲しい」と言っているだけで、本当に欲しいと思っているかどうかわかりません。

「本当に欲しいもの以外は買わないよ。本当に欲しいのかどうか、もうちょっと時間をおいて考えてみようか」

そう伝えて、「何でも簡単に手に入るわけではない」「親が買ってくれるのは、自分が本当に欲しいものだけ」だということを、きちんと教えてください。

こうした制限があったほうが、お子さんの「これが欲しい！　絶対欲しい！」気持ちは強まってきます。そしてそれが、お子さんの生きるエネルギーとなっていくのです。

子どものためになる、一番望ましい叱り方

最近は、「子どもはできるだけ叱らないようにしています」「強い口調は避けるようにしています」という親御さんも少なくありません。

子どもがよくないことをしたときに、「〇〇ちゃん、ダメでしょ～」「しょうがないわね～、ホントに困っちゃうわ」と他人事のようにぼやくだけで叱ったつもりになっている人もいます。しかし、これでは叱っていることにはなりません。

叱ったり言って聞かせたりするときは、きちんとメリハリをつけて、

「自分は今、叱られている」

とリアルに体で感じられるように伝えなくてはいけません。

ただし、大声で怒鳴ったり、ヒステリックにガミガミ言うのは逆効果です。

叱るときは、次のポイントを心がけてください。

①低めの落ち着いた声で、ゆっくりと話しかける
②じっとお子さんの目を見て、語りかける
③何がどうダメなのか「具体的に」叱る
④悪いことをしたときに「すぐ」叱る

ふだんはやさしく朗らかなお母さんやお父さんが、真剣なまなざしで、じっと目を見て、ゆっくりと低い声で語りかけてくる。こうした接し方が「私は叱られているんだ！」「してはいけないことをしてしまったんだ」という緊張感をお子さんに与えます。ガミガミと怒鳴りたてるよりも、このほうがずっと伝わりやすいのです。

叱られたからといって、お子さんはお母さんやお父さんを「ひどい親だ」とは

思いません。

「コワいけれど、大切なことをきちんと教えてくれる。でも本当はやさしいお父さんとお母さん」でちょうどいいのです。

「勉強しなさい！」をやめてみよう

「幸せに生きていくためには、勉強して学力をつけさせることが重要だ」

ほとんどの親御さんは、そう考えていることでしょう。

しかし、「幸せな人生を送れる女性」になるために必要なものは、学力ではありません。一番大切なのは、お勉強ではないのです。

人生を生きていく上で、何よりも重要なものの一つ。それは、お子さんが「これさえあれば幸せ！」と感じられる「没頭できる何か」を見つけることです。

我を忘れて没頭できる、心から夢中になれるものを見つけられることが、幸福な人生を送っていくためには、何よりも大切なのです。

勉強や習い事は、それを発見するための手段にすぎません。子どもに「幸せな人生を」と願うのなら、「勉強しなさい」とばかり言うのではなく、「お子さんが生涯にわたって夢中になれるもの探しのお手伝い」をしてあげるべきなのです。

でも、残念なことに、多くの親御さんは「夢中になれるもの」よりも「勉強」を優先してしまいがちです。「勉強やお稽古ごとで子どもの才能を伸ばしてあげなくては」と思いこみ、一番肝心な「子どもが何に夢中になるのか」を二の次にしてしまうのです。

たとえば、熱心にマンガを描いている子どもに「マンガばかり描いて。いい加減にやめて勉強しなさい」と言ってしまう。土いじりばかりしている子に「服が汚れるから、泥遊びはしないで」と言う……。こんなふうなことの繰り返しで、多くの親は子どもが夢中になれそうな行動の芽を摘んでしまっているのです。

大学生たちと話をしていても「私、何にも夢中になれるものがありません」

「ハマれるものがないのが悩みです」という学生が少なくありません。そしてそれが「なりたいものが何もない」「だからどんな仕事につけばいいのかわからない」という悩みになってしまうのです。実際、そのために就職活動を始められない学生はたくさんいます。

その原因の一つは、幼いころは持っていたはずの「夢中になれそうなものの芽」「ハマれそうな可能性」を、親によって奪われてしまったことにあるのです。

お子さんが何か、夢中になっているものがあったら、もしそれが親には意味のないものや役立たないもののように思えても、やめさせず、前向きに見守ってあげましょう。

大切なのは、「親が子どもにしてほしいこと」をさせることではなく、「子どもが夢中になっている世界」を見守って、子どもの中に隠れている才能の芽をゆっくり育てていくことなのです。

子どもの「ハマっている」状態を見のがさない！

子どもは、何かに夢中になって我を忘れると、周囲のことがあまり入ってこなくなります。自分の世界にどっぷりと浸り切ってしまうのです。

こうなると、もうお母さんの声も、テレビの音も耳には入ってきません。

親としては「いい加減にしなさい！」と言いたくなるところですが、じつはこんな場面にこそ、お子さんの隠れた才能の萌芽が顔を出しているのです。子どもが生まれつき持っている才能が光り輝きはじめる、宝のような瞬間です。早ければ2歳ごろから、この「無我夢中の時間」は訪れはじめます。

この宝のような時間……、できれば大切に見守られてください。

「ご飯だよ。早く食べなさい！」

でさえぎるのはやめにしましょう。

もし、お子さんが「ご飯だよ」を無視して、何かに夢中になることができるなら、立派なもの。食事も後回しにしたいほど何かに我を忘れて熱中するというのは、子どもの集中力や探究心がまさに花開いている証拠です。こういうときには、「しかたないなあ……」などとつぶやきながら、大目に見てあげてほしいと思います。

「早く来なさーい」

などと軽く声をかけつつ、何かに没頭している子どもを、あたたかく見守り、放っておいてあげましょう。

「専業主婦志向」の人生は、あまりにもリスク大！

アドラー心理学では、人生の基本課題として、「心を込めて打ち込める仕事」「仲間や友だちとの信頼関係」「愛ある異性との関係、結婚」の３つをあげています。

幸せに生きるには、

1　心を込めて取り組める仕事につくこと

2　信頼しあえる仲間や友だちをつくること

3　異性とよい関係を結べること

この３つがとても重要だというわけです。

小学校に入学したばかりの女の子をもつ、あるお母さんからこんな相談を受けました。

「『働くこと』が大事だというのはよくわかるんですけれど、最近は不況のせいで、専業主婦志向も強まっているでしょう? 女の子の幸せを考えると、『働くこと』よりも『恋愛や結婚』を重視したほうがいいのかなとも思うんですよね。娘に『女の子なんだから、仕事をするよりも、いい人を見つけて、結婚をするのが一番の幸せよ』って教えてあげたほうがいいのかなって……。私の考えって、古くさいでしょうかね?」

「たしかに最近、『バリバリ働くより専業主婦になりたい』という女子大生が急増中です。ストレスだらけで働いてお金を稼ぐより、年収600万以上の男性と結婚して、家事や子育てをしていたい。そう考える女性が増えています。

でも……私は思います。この先、日本社会がどういう状況になっていくのかわかりませんよね。結婚して家庭に入っても、ご主人になる方の会社が倒産してしまうかもしれません。人口減、低成長のこれからの日本で、その可能性は決して低くないのです。のんびりと専業主婦をしているわけにはいかないでしょう。場合によっては「離婚したい」と思うこともあるかもしれません。今現在で離婚率は3分の1。お嬢さんが結婚するときには、もっと高くなっているでしょう。

そして……不安をあおるようですが、ご主人が40代で亡くなってしまうことだってありうるわけです。

こう考えると、これから**『専業主婦を目指したほうがいい』という考えで女の子の子育てをしていくのはあまりにリスクが高いと言わざるをえませんね**」

「なるほど。専業主婦といっても、私たちのころとは事情がまったくちがうわけですね。私は親から『いい人を見つけて幸せな結婚をしてほしいけれど、これからの時代は、経済的に自立することも必要ね』なんて言われて育ったんです。

私としては『え？　それって結婚したほうがいいってこと？　それとも独身でいたほうがいいってこと？　どっちなんだろう？』なんてちょっと迷ったりもしたんですが……。これからは『たとえ専業主婦が第一希望だとしても、いざとなったら、自分と子どもの生活費は自分で仕事をして稼げる娘に育てるのが大切』

っていうことですね。

うちの子にも、手に職もって、経済的に自立できるよう、がんばりなさい！

って言い聞かせておかなくちゃ」

「働く楽しさ」を知っている女性に育てよう

たしかにこれからの不安定な世の中を考えると、このお母さんの言うように女の子を「経済的に自立できる人」のように育てることは大切です。

女の子の3、4人にひとりは生涯結婚しない、結婚したとしても3人にひとりは離婚するし、結婚相手が急病で亡くなったり、リストラや大幅な収入減にあうかもしれない……。

そう考えると、娘が自分と自分の子どもの生活費を稼げるように経済力を身につけることは必要不可欠かもしれません。

私も自分の娘（友希）にはぜひ「仕事のできる女」になってほしいと思っています。

しかし問題は、その「仕事の中身」です。したくもない仕事を生活のためにし続けることほど、苦痛なことはありません。

私が娘に伝えたいのは、

「働くというのは、楽しくて、同時に人や世の中の役に立って人に喜ばれるものなんだ」

ということです。働くことに夢をもてるようになってほしいのです。

「経済的に自立してほしい」「手に職をつけてほしい」といった言葉を、女の子に直接言い続けたら、その子は、「働く」ということに対して、「生活のためにしたくないことをしかたなくすることだ」というイメージを抱いてしまいかねません。

もちろん、働くのは楽しいことばかりではありません。ガマンしたり、やりたくないことをしなければならないこともたくさんあります。しかしそうした現実ばかり教える前に、まず「働くことのすばらしさ」「働くことの喜び」をお嬢さんに伝えていただきたいのです。

「勉強しなさい」と言われているとやる気をなくしてしまうのと同様に、「自立しなさい」「手に職をつけなさい」とばかり言われていると、子どもはやる気をなくしてしまいます。「働く＝楽しくて人や社会の役に立つ大切なこと」という思いをぜひお子さんに抱かせてほしいのです。

「働くことの楽しさ」を知っている女の子に育てること――それが、親が娘にかけてあげられる「人生最大の保険」なのです。

子どもは「身近な人との交流」から「したい仕事」を見つける

では、働くことの喜びや楽しさを子どもに伝えるには、具体的にどうすればいいのか。

私の一番のおすすめは、お父さんお母さんのお友だちで、さまざまな仕事に就いている人たちを家に呼んで、直接お子さんと話をさせることです。

お菓子やパンをつくる人、家やビルを設計する人、広告や雑誌をデザインする人、花や草木を育てる人、病院や施設で働く人などなど、いろいろな職種で働いている友人や親戚を自宅に招いて、仕事の内容ややりがいなどについて、具体的に語ってもらうのです。

現場で働いている当事者から一対一で話を聴くのは、子どもにとっては大変大

きな刺激になります。「こんなことをして、あんなことをして、こういうおもしろさがあって、こんなふうに人や世の中の役に立って、でもこんな大変なこともあって……」というエピソードを本人から直接聴けるのは、とても貴重な機会。学校などで開催されている「講演会」などよりも、子どもの人生にずっと大きな影響を与えやすいのです。

そもそも、多くの子どもたちは、世の中にあるいろいろな仕事をほとんど知りません。

小学校3～4年生くらいの女の子に「大人になったらなりたい職業は?」とたずねると、学校の先生、保母さん、お菓子屋さん、お花屋さんなどと答えることが多いものです。これは「自分が本当になりたい憧れの職業」というより、実際に知っている仕事がこれくらいしかないということが少なくありません。

小学校3～4年生くらいまでは、それでもかまわないかもしれませんが、5～6年生や中学生、高校生や大学生にもなったら、いろいろな仕事のおもしろさや喜びを感じとらせてあげたいもの。さまざまな仕事について、実際の様子を知ることができるチャンスを、少しでもたくさん与えてあげたいものです。

そして、そのためには、お母さん、お父さんの交友関係をフルに使って、家に来てもらったり、家族ぐるみの付き合いをこまめにすることで、いろいろな仕事についている人に実際にふれさせるのが一番。ご友人にその仕事の喜び、おもしろさを具体的に伝えてもらう「スペシャル・ゲストティーチャー」になってもらうのです。時には、アメリカの家庭のように、ホームパーティを開いてみるのもいいでしょう。それが親が子どもにできる一番の「キャリア教育」になり、お子さんが「なりたい自分」「したい仕事」を見つけていく最良の刺激になるのです。

おわりに

この本では、あなたの大切な娘さんを「幸せな人生を歩んでいくことのできる女性」に育てるための、ラブ（愛）とハッピー（幸福）に満ちた子育ての具体的な方法を、心理学の理論にもとづいて紹介してきました。そして繰り返し、お母さん、お父さん自身が、ハッピーに生きていることが子育てにおいて何よりも大切であるとお伝えしています。

もちろん、子育ては楽しいことばかりではありません。苦しくなって投げ出したくなったり、息が詰まりそうになったりすることも少なくないでしょう。

娘さんがいじめにあってしまったり、ものすごく反抗するようになって、「クソババァ、死ね」などと言われて、「もう、こんな子、生まなきゃよかった」とひとり涙を流してしまうこともあるかもしれません。

けれどもそれも、お子さんが「見えない世界」からお母さんに運んできてくれた課題です。子育ての苦しみを通して、お母さん自身のたましい、そしてご両親のたましいが、お子さんといっしょに成長していけるようにお子さんが運んできてくれたプレゼントなのです。

お子さんが何か、困った行動をしたら、それは、お子さん自身の成長に必要なものなのかもしれない、と考えてみてください。

同時にまた、それは、お母さん、お父さん自身の人間的な成長を促すためにもたらされたものかもしれないのです。

ときには、育児に疲れて、すべてを投げ出したくなってしまうかもしれません。

そんなときは、10分でいいので、お子さんから離れて深呼吸をしましょう。そして、こんなふうに、自分の中で唱えてみましょう。

「私のたましいは、この、無限の愛に満ちた宇宙とつながっている。

娘のたましいも、この、無限の愛に満ちた宇宙とつながっている。

娘のたましいは、この、無限の愛に満ちた宇宙から、私を選んで私のもとにやってきてくれた。

ありがとう。

ありがとう。

ありがとう。

私たち二人を親として選んで、この世に生まれてきてくれて、ほんとうに、ありがとう……。

すべては、この、見えない世界からの、贈り物。

たましいの気づきと学びと成長のために、贈られてきたプレゼント……」

そうすればほら……。娘さんのからだ全体が、愛に満ちた白く輝く光に包まれていることにあなたは気づくはずです。

あとは、思いきり愛をこめてギュ！と抱きしめて、ほっぺにチュ！ですね。

◉本書で紹介した自己成長のためのさまざまな心理学の方法は、次の研究会で学ぶことができます。

どなたでも参加可能です。私のホームページ（http://morotomi.net/）で内容をご確認のうえ、お申し込みください。

〒101-0062　東京都千代田区神田駿河台1-1　明治大学14号館6階B611
諸富研究室内
「気づきと学びの心理学研究会〈アウェアネス〉事務局」
問い合わせ申し込み先　E-mail:awareness@morotomi.net
FAX:03-6893-6701

著者紹介

諸富祥彦（もろとみ　よしひこ）

1963年福岡県生まれ。明治大学文学部教授。教育学博士。臨床心理士。公認心理師。教育カウンセラー。

「すべての子どもはこの世に生まれてきた意味がある」というメッセージをベースに、30年以上、さまざまな子育ての悩みを抱える親に、具体的な解決法をアドバイスしている。

『男の子の育て方』（PHP文庫）、『ひとりっ子の育て方』『思春期の子の育て方』『ひとり親の子育て』（以上、WAVE出版）、『いい教師の条件――いい先生、ダメな先生はここが違う』（SB新書）、『学校に行けない「からだ」』（図書文化社）ほか、教育・心理関係の著書が100冊を超える。

http://morotomi.net/

本書は、2010年11月にWAVE出版から刊行された作品を文庫化したものである。

ＰＨＰ文庫　女の子の育て方
「愛され力」「自立力」「幸福力」を育てる83のこと

2022年12月1日　第1版第1刷

著　者　諸　富　祥　彦
発行者　永　田　貴　之
発行所　株式会社ＰＨＰ研究所
東京本部 〒135-8137 江東区豊洲5-6-52
ビジネス・教養出版部 ☎03-3520-9617(編集)
普及部 ☎03-3520-9630(販売)
京都本部 〒601-8411 京都市南区西九条北ノ内町11
PHP INTERFACE　https://www.php.co.jp/
組　版　有限会社エヴリ・シンク
印刷所　大日本印刷株式会社
製本所　東京美術紙工協業組合

 ISBN978-4-569-90273-9

PHP文庫

子どもの心のコーチング

一人で考え、一人でできる子の育て方

菅原裕子 著

問題点を引き出し、自ら解決させ成長を促すコーチング。その手法を「子育て」に応用し、未来志向の子どもを育てる、魔法の問い掛け術。

PHP文庫

保育士おとーちゃんの「叱らなくていい子育て」

須賀義一 著

お母さんたちに大人気のブログ『保育士おとーちゃんの育児日記』の著者が、子育てを単純に、楽しく変えるための具体的な方法を紹介。

PHP文庫

男の子の育て方

「結婚力」「学力」「仕事力」を育てる60のこと

諸富祥彦 著

「結婚できる」「就職できる」男に育てるには、乳幼児＋小学校時代の親の接し方がとても大切！すぐできる具体的な60のアドバイス。